JN157302

文芸の琹

近代小説点描

細川　正義

鼎書房

文芸の栞——近代小説点描

もくじ

I　文芸作品への誘い

I

文芸作品への誘い（いざな）

森鷗外『舞姫』
豊太郎の煩悶――近代日本の〈青春〉への提言

森鷗外が念願のドイツ留学を果たしたのは明治十七年、二十二歳の時である。大学時代に留学を希望した鷗外は、卒業時の成績が思ったほど振るわず文部省派遣留学生の夢を断念せざるを得なくなり、小池正直の紹介もあって陸軍軍医となった。陸軍でプロシヤの陸軍衛生制度の調査をおこないその成果として『医政全書稿本』全十二巻を翻訳し、それが認められ、陸軍衛生制度調査及び軍陣衛生学研究を目的として、念願のドイツ留学を命じられた。ドイツでの鷗外は、ライプチッヒ大学、ドレスデン軍陣衛生学講習会、ミュンヘン大学で学び、その後ベルリン大学コッホ教授のもとで残る留学生活を過ごしている。

彼のドイツ時代は『航西日記』『独逸日記』『隊務日記』『還東日乗』の四編の洋行日記から知ることができるが、その中での鷗外の言葉は洋行体験での新鮮な発見と期待、謳歌を語る言葉で満ちている。ドイツの大学での自由闊達な空気はまさに鷗外に自由と解放を実感させたようであり、『舞姫』(明治二十三年一月、「国民之友」)の太田豊太郎はその鷗外の実感によって形象されているといってよい。

かくて三年ばかりは夢のごとくにたちしが、時来たれば包みても包み難きは人の好尚なるらむ、余は父の遺言を守り、母の教へに従ひ、人の神童なりなど褒むるが嬉しさに怠らず学びしときより、官長の善き働き手を得たりと励ますが喜ばしさにたゆみなく勤めしときまで、ただ所動的、器械的の人物になりて自ら悟らざりしが、今二十五歳になりて、既に久しくこの自由なる大学の風に当たりたればにや、心の中なにとなく穏やかならず、奥深く潜みたりしまことの我は、やうやう表にあらはれて、きのふまでの我ならぬ我を攻むるに似たり。

鷗外はドイツの四つの都市で留学生活を送っており、明治二十年四月にベルリンに移り、翌年七月に帰国の途に就くまでを過ごしている。鷗外がエリスと出会ったのはこのベルリン生活においてである。引用箇所の太田豊太郎の心境は、渡独して三年ばかりの間に実感した心境の変化を凝縮して語ったものであるが、留学以前の豊太郎の心境に関しては必ずしも鷗外個人のものではない。豊太郎は父を「早く失」っているが、鷗外の父静男が亡くなったのは明治二十九年四月である。（母峰子は大正五年まで存命であった。）確かに儒教的教育にたって実証精神、立身出世を教える父の教育が若き鷗外の精神を呪縛し「所動的、器械的の人物になりて自ら悟らざりし」側面をもたらせたことを認めることはできるが、それよりも『舞姫』の太田豊太郎像は、鷗外個人の体験よりもまさに「若い日本に育ってきた最初の知識青年」（山﨑國紀）の典型として、封建的価値観が根強く残る未完成の近代日本を鷗外の実感した西欧文化と対置させ、相対化させていく視点において形象されているといえよう。対置されているのは封建的官僚体系を無自覚に身につけてきた豊太郎のこれまでの自己への認識と、ドイツの大学で触れた「自由なる大学の風」である。豊太郎の僚友相沢謙吉がそうであったように、当時の日本では官僚機構においての立身出世は等しく青年たちの第一の価値観であったといえよう。豊太郎においてもドイツの〈自由の風〉に無条件に感化されていったのではない。それまで長い年月「我が身だに知らざりし」日々を過してきた彼にとって、その〈自由の風〉は、「心の中なにとなく穏やかならず」という気持ちを抱かせており、そこには逡巡する心情が示されている。

政治学を修め「我が官長は余を活きたる法律となさむ」となることを使命として励んできた豊太郎の学問が次第に「歴史文学」にひかれていったことも、彼の自我の覚醒のなせる業であった。

この物語は豊太郎が帰国の途セイゴンの港まで旅するなか「同行の人々にも物言ふことの少なき」ほど「人知らぬ恨み」に悩まされている、そのことを回想する形式を取っている。深い憂いの中で豊太郎が痛恨しているのは、出産を控えたエリスを捨てて帰国する人生を選択した自己にある。その痛恨を語るのに豊太郎はまず渡独による自我の覚醒に至った自己を丁寧に回想している。それは一面、エリスに対する気持ちが、「まことの我」から発した真の愛であったことをあらためて実感しようとするものであり、もう一面では、厳然とある日本の封建的官僚機構と新たに目覚めた青年の「まことの我」の発現による恋愛を対置的に眺めて、その無力さを痛恨する心情であったともいえよう。

エリスに対する愛が真実であったのかどうか。例えば、エリスとはじめて会ったとき「何故に泣きたまふか。」と声をかけた自分の態度に「我ながら我が大胆なるに呆れたり」と感じたように、〈自由の風〉にあたって「まことの我」に目覚めた自己の内面の変化にとまどう豊太郎はまさに「我が心は処女に似たり」と感じる心情でもあった。そして自らは、今まで疑うことのなかった忍耐強い意志の人であるよりもむしろ情にもろい性質であることが「我が本性」であることも自覚するのである。「処女」のごとき「本性」から出た感情に偽りがあるとは思えない。しかし、はじめてエリスが豊太郎の下宿を訪れた出来事を「何らの悪因ぞ」と述懐し、更にエリスとの肉体関係が初めて生じたのは「不時の免官」に遭遇して前途に望みを失ったときであったと想起する心情には、エリスに対する愛情に全的に受容できないものを実感して回想している心情をも見ておく必要があろう。

思いがけない天方伯との出会いが与えられ、元の地位への復帰の可能性が見え始めた時、豊太郎は「余は我が身一つの進退につきても、（中略）決断ありと自ら心に誇りしが、この決断は順境にのみありて、逆境にはあらず」という弱さをその時になって今更に自覚したと回想している。そして「我が心はこのときまでも定まらず、故郷を思ふ念と栄達を求むる心とは、時として愛情を圧せむとせし」という心情を肯定するのである。豊太郎の回想は、「まことの我」に目覚めた喜びから、こうしてかつてからの心と「まことの我」との相克に揺れ動く心情への反芻へと変わっていく。そして最後に「相沢謙吉がごとき良友は世にまた得難かるべし。されど我が脳裡に一点の彼を憎むこころ今日までも残れりけり」として回想を閉じている。相沢を「憎むこころ」とは何か。一面的には、エリスとの愛情を引裂くこととなった相沢の助力に対する「恨み」であったといえる。しかし、回想の心情を分析していけば、その「憎むこころ」は、エリスとの愛を引裂くことになったことよりも、人生の選択の決断を迫られたときに自らの弱き心を露呈させて、その弱さゆえに「まことの我」に封印して、もとの伝統的な秩序のなかに復帰していこうとしている自己の惨めさに佇立することになったことと、それ故にエリスを犠牲にしてしまったことへの痛恨に根ざしてのものであったといえよう。

そこには後の『普請中』（明治四十三年六月、「三田文学」）において渡邊参事官に「日本はまだ普請中だ」と言わせたように、まだ「まことの我」が真に解放され得ない旧態依然とした近代日本への痛恨と、その痛恨の背後にそうした近代日本の現状に対する鷗外の「恨み」を読み取ることも必要な作品であろう。

夏目漱石『三四郎』〈迷羊〉の行方——近代日本の転換期を見据えて

一九一六（大正五）年十二月九日、近代日本文芸最大の文豪、夏目漱石が数えで五十歳の生涯を閉じた。彼の最後は「死ぬと困るから」であり、看護師が求めに応じて水をかけると物静かに「有難い」と言い、これが最後の言葉となった。今年（二〇一六年）で没後百年を迎える。漱石が最後の作品『明暗』を朝日新聞連載の百八十八回まで執筆して絶筆せざるを得なかった苦しみが「死ぬと困るから」に込められているようである。しかし、死の時を悟った時に物静かに「有難い」といった言葉にも偉大な文豪に相応（ふさわ）しい達観の心境がうかがえる。

漱石が小説を書く必然と出会ったのは、一九〇〇（明治三十三）年からのイギリス留学である。そこで「西洋」と直面した漱石は、思想と文化においてその違和感に苦しみ、神経衰弱の危機に襲われる。そうした中で見出したのが「自己本位」という言葉であった。「自己本位」とは他者の中にあって自分は自分であるという主張に基づいた考えであるが、彼はこの「自己本位」を認識することで孤立したイギリスの客舎にあってともかくも自己を保ち留学を全うしたのである。しかしこの「自己本位」は帰国後「自己」への問いかけと自己の確立という課題として自覚されるようになり、そのことが結果として『吾輩は猫である』から『明暗』まで一貫した漱石文芸のテーマになったと考えてよい。『吾輩は猫である』は、無名の猫が苦沙弥（くしゃみ）先生の心奥を、最後は読心術まで用いて探るという展開であるが、最後はビールに酔って甕に落ちた猫が、死を悟って達観する形で閉じて、追究は次作以降へ持ち越している。以後さまざまな漱石の作品が展開していくが、『彼岸過迄』で「世の中と接触するたびに」「内へとぐろを捲き込む」ように「だんだん深く細かく心の奥に喰い込」むように問い詰め「命根」に触れようとする須永市蔵を描き、最後の『明暗』では、残り少なくなったいのちを予感した漱石がいよいよ「根本的の治療」を決行して人間の存在の根源を問い、自己本位の確立を目指そうとした。そのような漱石の作家人生を辿れば、最後の「死ぬと困るから」「有難い」は実に重く、それは百年後の現代に生きる我々にも重く響く言葉である。

その中で、一九〇八（明治四十一）年の『三四郎』を改めて問い直すと、この作品も大きなメッセージが託された作品である。主人公小川三四郎は二十三歳、熊本第五高等学校を卒業して帝国大学へ入学するために上京する列車の中から始まる。列車の中で、後に広田先生と分かる人物と乗り合わせ、途中から親しく話をするようになった彼から、「熊本より東京は広い」「囚われちゃ駄目だ」と言われる。三四郎はその言葉を聞いて「真実に熊本を出た様な心持がした」と思う。

東京での生活が始まると、見ること聞くことすべて新鮮で刺激の多い毎日が過ぎていくが、同郷の先輩野々宮宗八を理科大学へたずねて行った折に大学構内の池の端で美しい女性を見る。講義中に佐々木与次郎と口をきくようになり、彼の寄寓する広田先生を紹介された。汽車の中以来の再会をするが、与次郎は広田先生を、学識は抜きんでているが、世間では少しも光らない、まるで〈偉大なる暗闇〉だと紹介した。そうして都会での学生生活が少しずつ広がっていく中で、広田先生の引っ越しの手伝いの時、池の端で出会った女性里美美禰子と再会し、親しくなる。引っ越しの翌日、広田先生たちと団子坂の菊人形を見に行った折に、美禰子は三四郎にストレイシープという言葉を示して謎めいた印象を残した。

数日後、美禰子から二匹の迷える羊（ストレイシープ）と「悪魔を模した」男を描いた絵葉書が届いたが、まだ美禰子の示したストレイシープの意味を解さない三四郎は、単純にストレイシープの「一匹を暗に自分に見立ててくれたのを甚だ嬉しく思」ったばかりである。そのストレイシープは、作品の最後で、美禰子が結婚前から描かせていた肖像画が出来て、展覧会で画を観た三四郎が、その画に「森の女」と題がつけられていたのに対して、その題ではなく「迷羊（ストレイシープ）」だと口の中で繰り返すところで意味を成してくる。その時三四郎が何を思っていたのか、様々な推測を可能にするが、画を前にして美禰子の画の題として「迷羊」を想起しているだけでなく、三四郎自身も自らがストレイシープのただ中にあることを自覚していることは推測できる。

東京へ出て間もない頃の三四郎は、自分の中に三つの世界が出来たことを自覚している。一つは、「明治十五年以前の香がする」「過去」の世界、二つ目は「生計（くらし）はきっと貧乏である」が日常を超越した学問の世界、三つ目は「燦として春の如く盪（うご）いている」華やかさや恋が存在する青春世界であり、三四郎は「国から母を呼び寄せて、美しい細君を迎えて、そうして身を学問に委ねる」形で「三つの世界」を共に共有する未来を想像する。しかし、〈偉大なる暗闇〉の広田先生と交わり、美禰子の不可思議な魅力に翻弄され、心が動揺する中でそうした皮相的な世界観では世の中に関わって行けないことを感じるようになる。

美禰子の提示したストレイシープは作品では謎のまま残されるが、おそらく美禰子の意図したところは、奥の深い世の中と触れていかなければならない卑小な一人の人間の頼りなさと関わっていることが推測できる。広田先生に「あの女は自分の行きたい所でなくっちゃ行きっこない」と言われる彼女が、野々宮とではなく、兄の友人と、周囲には唐突とも思える形で結婚していった心境は、三好行雄氏が「自分の行きたいところへ嫁ぎ、夫として尊敬できる男を選んだ」（『作品論の試み』一九六七年、至文堂）と推測する通りであろう。しかし、作品の終盤の教会の前で三四郎を前に「われは我が愆を知る。我が罪は常に我が前にあり」という聖書の言葉を呟いた美禰子に対して、越智治雄氏は「断念したものへの悔恨」（『漱石私論』一九七一年、角川書店）を読み取っているように、美禰子の結婚は不可解な印象を残している。美禰子は自分で決めた結婚ではあるが、何かの理由によって、自己の青春に封印をして、世の中の仕組みに従う選択をしたのかもしれない。「森の女」でなく「迷羊」だと呟く三四郎と、結婚に至る美禰子の選択とを共振させて結末に向かわせようとする作品の仕組みを感じることもできる。美禰子の結婚と、出来上がった「森の女」の画を前にして三四郎が、おそらくはかり難い人間の関係と、不可解な心の動きについて、他者に対しても、自らの内にも発見して、まさに「自己本位」をたずねる旅の途上とも言えるストレイシープの状態に立ち止まったところで、作品は終わる。

列車の中で広田先生に、「日本より頭の中の方が広いでしょう」と告げられたように、三四郎はこれからはもっと頭をめぐらし、他者と自己の関係の深淵をたずねていかなければならない。『三四郎』のあとの『それから』『門』では、三四郎が遭遇した他者との関わりよりも、人生に対するもっと身近で切実な愛の発現と、不可解にうごめく自己の内奥と対峙する登場人物が描かれていく。漱石の描く登場人物たちは、『行人』の一郎は「どうしたらこの研究的な僕が、実行的な僕に変化できるだろう。どうぞ教えてくれ」と言って涙を流し、『こころ』の先生は、若き日に恋の虜になって友人を死に至らしめた自己の内奥の罪と半生をかけて対峙し続ける。最後の『明暗』では主人公が自己の生の実相を見極めようとして意を決して、これまで解けないまま悩まされてきた過去の関係性を究明するための旅に立った。結局『明暗』は、真相を解きほぐせないまま絶筆したが、百年前に残した漱石の課題は今も解決されていない。現代は百年前よりも格段に進歩し人間関係も複雑になっている。しかし、ストレイシープという言葉の前に佇立する三四郎の呟きは今の青春群像にも通底する。「死ぬと困るから」と最後に呟いた漱石の言葉は、私たちに自己本位の確立の道標を示せなかった痛恨と祈りをも含んでいることを、若者たちにぜひとも受け止めてほしいと願っている。

夏目漱石『こころ』(一)
「愛すること」と他者への「責任」に誠実に生きた先生の「真面目」

漱石は、近代人の苦悩の典型のような人物として描いた『行人』(大正三年一月、大倉書店)の主人公長野一郎が友人Hの前にこのように語って涙を流す場面を描いた。

「しかしどうしたらこの研究的な僕が、実行的な僕に変化できるだろう。どうぞ教えてくれ」(「塵労」四十五)

「実行的」とは、具体的にどうすれば人を愛することができるかを指している。他者の前で弱みを見せることのなかった一郎が、時として軽く見なすことすらあった友人の前に頭を垂れる姿は痛切な響きをもたらす。これまで一切を「研究的」に頭でだけ考えてきたために、実際の生活で最も信じ合うべき妻にすら信頼を持てなくなった一郎の追いつめられた姿である。しかし一方で、ここでそれまで自己を支えてきたプライドのいっさいを投げ出して、友の前に頭を垂れて教えを請うている姿に救いの道が残されているともいえる。

それが、続く『こころ』（大正三年九月、岩波書店）を書かせたともいえよう。『こころ』は、恋のために友人を裏切って、死にまで追いやった人間の深いエゴイズムの暗さを描いた作品であるという読み方が先行しがちな作品でもある。たしかに、たった一人の相談相手として苦しい胸の内を打ち明けられた先生が、その友人に対して言い放った「精神的に向上心のないものは馬鹿だ」（下「先生と遺書」四十一）の一言は残酷の一語に尽きる。恋のとりこになった先生が、他者を見ることを忘れた人間のエゴイズムゆえの罪悪の典型が示されているともいえる。

しかし、果たして『こころ』がその人間の救いがたいエゴイズムの問題を主題にした作品かというと、疑問が残る。例えば、漱石がこの作品の広告文に記した「人間の心を捕え得たるこの作物を奨む」といった明るい高調した表現からも、エゴイズムの暗さ以上に漱石が自負を持って主張したいテーマが描かれていることを推測させる。

『こころ』は「私」が「若々しい書生であった」（上「先生と私」一）時に、鎌倉の海水浴場で先生に出会ったことの回想から始まる。初めは好奇心だけで眺めていたのだが、やがて口を利くようになった私は別れ際に「これから折々お宅へ伺」（上「先生と私」四）う許可を得、一ケ月ほどたって訪問した。時々訪問するようになった私はその人のことを「先生」と呼ぶようになっていた。ある日訪問したとき、先生は「あなたは何でそう度々私のようなものの宅（うち）へ遣って来るのですか」（上「先生と私」七）と尋ねた。そして「私は淋しい人間ですが、ことによるとあなたも淋しい人間じゃないですか」（上「先生と私」七）と、私が訪ねてくる理由が自分と同じ淋しさを感じているからでないかと問う。そしてしばらくたったある日先生が私に「あなたは本当に真面目なんですか」（上「先生と私」三十一）と念を押した上で「私は死ぬ前にたった一人で好いから、他を信用して死にたいと思っている。あなたはそのたった一人になれますか。なってくれますか」（上「先生と私」三十一）と問いかけるのである。先生は「過去の因果で、人を疑りつけ」（上「先生と私」三十一）る気持ちになってしまっていることを打ち明けてもいる。その先生が「死ぬ前にたった一人で好いから、他を信用して死にたい」と告げる言葉には痛切な響きがある。そしてやがて私は先生から「並の状袋に入れられべき分量でもな」（中「先生と両親」十六）い分厚い手紙を受け取る。それが下の「先生の遺書」となる。

「先生の遺書」は、彼が学生時代友人Kを自殺に追いやることになった若い日の過ちを克明に綴っている。恋のとりこになった先生が、夢中になって恋を得ようとした結果、親友に対し悔いても悔い切れない残酷な言葉を投げかけ、数日後Kは自殺する。自殺の発見の直後も、真っ先にKの遺書の中に自分への恨み言でも書いてはいないかと浅はかな心配をした先生は、後にそのときに投げかけられた「もう取り返しが付かないという黒い光が、私の未来を貫いて、一瞬間に私の前に横たわる全生涯を物凄く照らし」（下「先生と遺書」四十八）たと直感したことを回想する。その「取り返しが付かない」「黒い光」が生涯を貫いたと実感する先生は、かつて叔父に裏切られてから他者不信に陥っていたが、以後自分のことを信じることすらできないほど深い罪意識を感じ、他者だけでなく自分をも信じることができない孤独と寂寥を強いられるようになるのである。

『行人』の一郎は愛する方法を見失った孤独と彷徨を学問に向けていった。しかしそのせいもあって研究的にばかりなっていた一郎はますます実際の愛から乖離していき孤高の民の寂寥を強いられるようになっていった。『こころ』の先生は、一郎が自己の絶対を主張したのに対し、自分への信頼すら見失い、ひたすら孤独と寂寥に耐えるのである。一郎以上に痛切な先生の淋しさが描かれるわけだが、しかし、『こころ』はその愛の不可能性を告げる作品ではない。

『こころ』の肝心は、先生が毎月のKの命日に欠かさず墓参りをしていることと、最後に、自殺を十日あまりも延ばして若い私に宛てて遺書を認めたことである。先生にとって若き日の過ちが取り返しのつかない悔恨となったのは確かである。しかし大事なことは、先生が過去に過ちを犯した事ではなく、それをどのように引き受けていったかである。そして、死でしか決着をつけられなかった痛恨の人生を、他者である私にすべてを隠さずに開示しようとしたことである。自己に対する責任と、他者に対して自己の人生のすべてを参考に供しようとする意識のうちに、この作品を通して漱石が示そうとした人間の真と誠意を見ることができるのである。

先生はKの死後、お嬢さんと結婚する。しかし、Kとの事実は一切告白しない。遺書のなかで私に対しても、最後まで告げないでほしいと依頼する。先生が何も話してくれないことの淋しさを私に訴える奥さんの心奥を考えれば、先生の選択が最良であったかどうかは判断できない。先生も「妻の前に懺悔の言葉を並べたなら、妻は嬉し涙をこぼしても私の罪を許してくれたに違いない」(下「先生と遺書」五十二)と推測する。しかし、事の一切を自分だけで引き受けて奥さんを愛し抜こうとする。そこに愛することと他者への責任を「真面目」に貫こうとする先生の誠実を認めることができる。その責任に対する誠実さが、最後の私への遺書となって結実する。たった一人の人間に向けて、死への不安と寂寥に耐えながら懸命に遺書を綴る先生の姿勢こそ、漱石が読者に最も伝えようとしたところでないだろうか。

若き日に取り返しのつかない過ちを犯した先生が、その後妻となった一人の人生を守るために懸命に生きようとした「真面目」、その先生の「真面目」が彼の内奥を育て、生涯を受け止める「たった一人」となり得る私とのかけがえのない出会いを与えた。漱石は、罪とひたすら誠実に向き合った先生と、その先生がすべてを信用できるたった一人の人間を得て、「自分の心臓を破って」（下「先生と遺書」二）自己の人生を懸命に語るところにこそこの作品の肝心があると告げていることができよう。

夏目漱石『こころ』(2)
人間の心の捉え難さへの対峙

漱石は『こころ』の広告文に「人間の心を捕へ得たる此作物を奨む」と記した。『こころ』はまさに人間の心のあり様を問い詰めた作品である。しかし、それは先生が若い時に恋の虜になってそのエゴイズムのために友人Kを死に追いやった罪のことを指しているのではない。若い時に恋愛のために自己を見失った先生が、すべてを投げ出して教えを乞うKに対して「精神的に向上心のないものは馬鹿だ。」(下四十一)と言い放った。そして一週間後に母親に結婚を申し込んだ。Kが先生の裏切りを直接の原因にして自殺したのでないことは、遺書の中で先生が、Kも「淋しくって仕方がなくなった結果」(下五十三)死んだのではないかと推測することと考え合わせても推測できる。しかし、自分のしている事の重大さも顧みずに言った先生の言葉がKの自裁に影響を与えたことは否定出来ない。そのような、事の重大さに気付かず不用意に相手の心に深い傷を与える言葉を言い放つような軽率で摑み難い心に左右された青春の出来事、作品『こころ』はここから出発して、長い時間を経過して私に遺書を書くに至るまでの先生の心の変化、成長を語る物語であると言える。

遺書では先生ははじめにこのように書いている。

私は倫理的に生まれた男です。また倫理的に育てられた男です。その倫理上の考えは、今の若い人と大分違ったところがあるかもしれません。しかしどう間違っても、私自身のものです。間に合わせに借りた損料着ではありません。だからこれから発達しようというあなたには幾分か参考になるだろうと思うのです。（下二）

「どう間違っても、私自身のものです。」と書いた先生の心情としては、長い時間を経過して今は自分の過去の人生を責任をもって他者に語れるという確信が示されていると言えよう。

先生は遺書の中で叔父に父の遺産のことで裏切られたことを告白し、その出来事があってからは「世の中に信用するに足るものが存在し得な」（下八）くなったことを打ち明けている。そして先生自身もKに対する裏切りを引き起こした。Kの死のあと先生は「叔父に欺かれた当時の私は」、「自分はまだ確かな気がしていました。世間はどうあろうともこのおれは立派な人間だという信念がどこかにあったのです。」しかし「自分もあの叔父と同じ人間だと意識した時、私は急にふらふらしました。人に愛想を尽かした私は、自分にも愛想を尽かして動けなくなったのです。」（下五十二）という気持ちになったことを告白している。自分の心の捉え難さに「愛想を尽かした」先生は、幸福であるはずの結婚生活にも心を開けず「死んだ気で生きていこうと決心」（下五十四）して静かに時を過ごすようになった。

先生の遺書はそうした他者だけでなく自分の心への信頼をも見失った青春体験と、それから長い年月を過ぎて今、少なくとも私という他者に確信を持って自己の人生と心のあり様について一切を伝えようとする自殺直前の先生を明らかにしている。そこには若い時は友人を死に追いやったような軽薄な心の持主であったが今は少なくとも自分の歩んできた人生を「私自身のものです」と明確に言いうるだけの変化を自覚した壮年の先生がいることは間違いない。そして、その変化は先生個人の自覚だけではなく他者にもそのように映るようになっていたことが私との出会いの場面から想起される。

当時珍しい西洋人を伴って浜に現れた先生を私は初めは「単に好奇心」（上二）で見ていたが、毎日同じ時刻に現れる先生に次第に関心を示すようになって、数日目に話す機会が生じた。それまでに特別な出来事があったわけではないのだが、最初に私の口から出たのは「先生は？」であった。そして遺書で先生の回想を始めるときにも、

私はその人の記憶を呼び起こすごとに、すぐ「先生」と言いたくなる。筆を執っても心持ちは同じことである。よそよそしい頭文字などはとても使う気にならない。（上一）

と、一貫して尊敬と敬愛の念が変わってないことを明かしている。少なくともかつて初対面の若い私を惹きつけた不可思議な印象、初めて「先生」と呼んだ時の清新な魅力は以後も変わることなく、その親愛は時間の経過と共に深みを増していることが想像出来る。

その間先生がどのような生き方をしてきたのか、作品『こころ』が「人間の心を捕へ得たる」書物かどうかもここにかかっていよう。先生が結婚後欠かさずに行って来たことはKの命日に毎月墓地に出向いていたことである。しかも一度だけ奥さんを同行した以外はいつも一人で訪れた。水谷昭夫氏がこの先生の墓参をさして、「一本の銀杏の樹と、その下に佇んでいる一人の人間と、作品『心』の中で最も確かなのはこれだけであろう。」と評価したことがある（『漱石文芸の世界』一九七四年二月、桜楓社）。先生が長い年月毎月欠かさずに墓地を訪れ、自分の若き日の過ちを過去のものとして隠蔽してしまわず、正面から向き合い一切を引き受けようとする姿をさしての指摘であるが、その姿勢に先生の変化の肝心が潜んでいるとも言えるのである。若き日Kが自殺をした直後先生は「もう取り返しがつかないという黒い光が、私の未来を貫いて、一瞬間に私の前に横たわる全生涯をものすごく照らしました。」（下四十八）と言い、その後冷静になった先生は「私はただ人間の罪というものを深く感じたのです。」（下五十四）と考え、その感じが「Kの墓へ毎月行かせ」（同）るのだと書いている。取り返しのつかない罪を犯したと捉える先生がその過去の一切を受け止めて墓参を続けたのである。

先生は人間は「いざという場合に突然悪人になる」（下八）、それが怖いのだという感想を記している。先生の罪もまさにその軽薄がもたらせた罪であったが、先生の遺書はむしろそのこと自体よりも、そのあとそれをどのように引き受けていったのかを読者に伝える。

『行人』の一郎は妻の心が摑めないことを苦しみ、弟に妻の心を探ることを依頼した。しかし、そのような方法では他者の心が理解出来ないことは言うまでもない。他者の心が摑めないのは何よりも自身の心が摑めていないことに原因がある。一郎は次第に自己と深く対峙していくようになるが、『行人』ではHさんとの旅を通じて一時の安らぎを摑むところで終わっている。しかし『行人』では一郎の救済にはいたっていない。それをうけて『こころ』は人間の不確かな心との凄まじい格闘を展開する。奥さんに「時々もの足りなそうな目で眺められ」（下五十五）ても、先生は頑なに自己の罪との対峙を放棄しなかった。

そのことが先生の人間としての根源的寂しさとして身につき、それを私が感受する。若い私はその寂しさの根源を知ることは出来ないが、しかしその寂しさが人間の素形そのものであることは無意識に感じる。そのことが二人を結ぶ架橋ともなっている。

先生は明治の精神に殉死した。このことをめぐって多く論じられてきたが、肝心は明治に生きた自分が明治の精神に殉死することに意義を見出したように、先生自らの固有の問題を死という形で自身が引き受け、そして人間の「不可思議な」心の全重量を次代の私に伝達したことであろう。人間の心は安易に摑めるものではない。しかし、根源の罪の苛烈さを恐れず直視して問い続けるところに心の肝心が姿を表すという確信を伝え得たところに主題がある。

芥川龍之介『温き心』
愛を求める寂寥の人

芥川龍之介を考えるとき多くのものはまず彼の実質的処女作とされる『羅生門』（大正四年十一月、「帝国文学」）をイメージするであろう。老婆の被服を剝ぎ取った下人が「黒洞々たる夜」のかなたへ去っていき、語り手は「下人の行方は、誰も知らない」と結ぶ。そこには正に人間のむき出しのエゴイズムと、その下人を包み込んだ「黒い夜は、いかなる救済をも内に含まぬ〈無明の闇〉」（三好行雄）を描き、作品は何処までも決して救われることのない世界に閉じ込められるのである。

その『羅生門』に端を発し、『歯車』（昭和二年十月、「文藝春秋」）『西方の人』（昭和二年八月、「改造」）『続西方の人』（昭和二年九月、「改造」）に到る彼の文芸世界は、彼が新技巧派の作家であると評されるように、鋭利で明晰な頭脳によって意識的虚構を施しながら人生の暗部をえぐりだしていく孤高の戦いを戦い抜いた作家のようにみなされるのが通例である。しかし、実はその芥川が、愛を求めてやまない寂寥の人であったことも見逃してはいけないのである。

その原点を窺える資料として彼が若き日に書いた『温き心』（『日光小品』明治四十四年〈推定〉）という小文があることを紹介したい。

私はこの汚れた小供の顔と盲目の御婆さんを見ると、急にピーター・クロポトキンの「青年よ、温き心を以て現実を見よ」と云う言が思い出された。何故思い出されたかはしらない。唯、漂浪の晩年をロンドンの孤客となって送っている、迫害と圧迫とを絶えず蒙ったあのクロポトキンが温き心を以てせよと教える心持を思うと我知らず胸が迫って来た、そうだ温き心を以てするのは私たちの務めだ。（中略）この「形ばかりの世界」を破るのに、あく迄も温き心を以てするのは当然私たちのつとめである。（中略）文芸の上ばかりでなく温き心を以てすべてを見るのはやがて人格の上の試練であろう。世なれた人の態度は正しく是だ。私は世なれた人のやさしさを慕う。

クロポトキンの「青年よ、温き心を以て現実を見よ」を引用しての文章であるが、そこには青年芥川の切実な思いが託されているといえよう。明治四十四年は一月に大逆事件がピークを迎え幸徳秋水ら十二名が処刑され、秋水の盟友堺利彦は「冬の時代」到来と痛恨している。この年十九歳を迎え、十九世紀末文学を愛読し、懐疑主義、厭世主義的傾向の目立った芥川であったが、そうした社会の理不尽な動きに対して激しい憤りを感じたであろう。この一文はその彼の憤りによって書かせた文章であろうが、しかしそこには、生後七ヶ月で実母が発狂して、養父養母に育てられてきた生い立ちを持つ芥川の根底にある寂しさと孤独が窺える文章でもある。

芥川の寂寥と温かさを感じさせる作品として彼の文壇デビュー作となった『鼻』(大正五年二月、「新思潮」)をあげることもできよう。『鼻』は禅智内供の鼻の異常さをめぐって、長い間内心密かに悩んでいた内供が、あるとき京へ上った弟子の僧が長い鼻を短くする方法を教わってきたのをきっかけに、内供はどこまでも気にしていない風を装いながら、弟子に方法を試みさせ、結果として、鼻は普通の人のと同じ程度に萎縮し、内供はこれで人に笑われなくてよいと思った。しかし二三日して意外なことに気がついた。人々が内供の鼻を見て笑うのである。更に、中童子が、内供が食事のときに鼻を持ち上げるに使っていた木で「鼻を打たれまい。それ、鼻を打たれまい。」と囃しながら犬を追い回していた。内供は鼻が短くなったのが恨めしくなった。ある朝、眼を覚ますと鼻が元に戻っていた。すると内供は「こうなれば、もう誰も哂うものはないにちがいない」と晴れ晴れとした気持ちになるという物語である。「もう誰も哂うものはないにちがいない」は明らかに内供の錯覚であり、内供の哀れさを感じさせる作品であるといった見方(三好行雄)もあるが、世間の風評が気にならなくなり晴れ晴れとした気分になった内供に「愛すべき内供像」(平岡敏夫)を描く芥川の筆致が認められるのは間違いなく、そこに人間の寂しさや、悲しさを知る芥川の温かさが感じられるのである。『芋粥』(大正五年九月、「新小説」)の、飽きるほどの芋粥を振舞われた五位の侍が、芋粥を飲んでいる狐を眺めながら、「此処へ来ない前の彼自身を、なつかしく」ふりかえりながら、敦賀の朝の冷たさの中で大きな嚏をする姿の中にも、哀感とともに作者の人間愛の温かさの眼差しが窺えるところである。

『鼻』は周知のように夏目漱石の手紙によって「あなたのものは大変面白いと思います」「ああいう

ものを是から二三十並べて御覧なさい文壇で類のない作家になれます」「ずんずん御進みなさい群衆は眼中に置かない方が身体の薬です」と激賞され、芥川の文壇へのデビューを果たすこととなった作品である。まだ帝国大学の学生である芥川に対して、漱石が最大級とも言える賛辞を送ったことで、一躍世間の注目するところとなり、芥川のデビューを華やかなものとしたのであるが、最晩年の弟子であった芥川に送った漱石の手紙はこれ以外にも、実にしみじみと人間味のある温かさにあふれるものであった。たとえば大正五年八月二十一日に、久米正雄と千葉県一の宮海岸でひと夏を過ごしているところへ送られてきた手紙である。

勉強をしますか。何か書きますか。君方は新時代の作家になる積でしょう。僕も其積であなた方の将来を見ています。どうぞ偉くなって下さい。然し無暗にあせっては不可ません。ただ牛のように図々しく進んで行くのが大事です。

漱石は最後の長編『明暗』を執筆しているさなかである。その大作家漱石が、大学出立ての青年に送った思いやりと愛情に満ちた手紙が若き芥川たちにとってどれほど大きな喜びと心の豊かさをもたらせたかは容易に想像できるところである。恐らく、寂しさと孤独を深奥に抱きつつそれゆえに「温き心」を意識してきた芥川の青春において、この漱石との体験は、彼の生き方により深い人間愛の眼差しを育てたのではないかと考えられる。漱石の通夜と葬儀を記した「葬儀記」(大正五年十二月、「新思潮」）で「僕は後をふりむいた。すると、久米の眼が見えた。が、その眼にも、涙が一ぱいにたまっていた。僕はとうとうやりきれなくなって、泣いてしまった」と書きとめているのも、その芥川の漱石への憧憬が窺える。

『歯車』の最後は二階へ慌しく昇ってきた妻が「何だかお父さんが死んでしまいそうな気がしたものですから。……」という恐怖を示したところで閉じられる。「ぼんやりとした不安」を遺書に書き残して自殺した芥川は、孤独と不安の中の寂寥にさいなまれていたであろう。かつて熱い恋愛で結ばれた妻に対しても、断絶の孤独を痛恨せざるを得なかったことも不幸だったかもしれない。しかし、その内奥で愛を求め、温かい心で他者に接すべきであるという人間認識を抱きつづける芥川を見据えることによって、芥川文学は時代を超えて実にしみじみと私たち読者の心に「人間」を実感させてくれるのである。

志賀直哉『清兵衛と瓢箪』
芸術への清新な理想——清兵衛の瓢箪を見る眼

志賀直哉が『清兵衛と瓢箪』を発表したのは一九一三（大正二）年一月一日の「読売新聞」紙上であった。前年十月二十五日、父との不和で家を出た志賀は、「山陽道の何処か、海に面した処」（『暗夜行路』）へ行きたいという程度の計画で、尾道に着き、そこから船で四国への旅をした後、十一月十七日より尾道の千光寺中腹にある借家に下宿をした。『創作余談』（一九二八年七月）によれば、作品はそのときの四国への旅の船の中で聞いた話にヒントを得て書かれたものであることが推測できる。次のように書かれている。

「清兵衛と瓢箪」これはこれに似た話を尾の道から四国へ渡る汽船の中で人がしているのを聴き、書く気になった。材料はそうだが、書く動機は自分が小説を書く事に甚だ不満であった父への私の不服で、中に馬琴の瓢箪というのが出て来るが、事実では山陽の瓢箪なのを何故そう変えたかというと、尾の道へ来る前、父が「小説などを書いていて、全体どういう人間になるつもりだ」といった時、「馬琴でも小説家です。然しあんなのは極く下らない小説家です」こんな事を私は云った。父が馬琴好きでよく「八犬伝」を読んでいるのを知っていたからで、こういった私は実は馬琴の小説は団十郎の円塚山を見た折にその条だけ読んだほかは全然知らないのだ。

従来が志賀の父親との確執を背景にしているという読まれ方を長くしてきたのは、この作者自身の言葉によるところも影響している。

作品は十二歳の小学生の少年清兵衛を主人公にしている。彼は瓢箪に異常に凝っていて、ある日彼は「震いつきたい」ほどいい瓢箪に出あい、それを十銭で入手し、さっそく磨きだす。熱中のあまり、授業中でも机の下で磨いていて、受け持ちの修身の教師に見つかり取り上げられてしまう。教師は声を震わして怒り「到底将来見込のある人間ではない」とまで云った。しかも家にまで来て母に強く注意をした。父が帰って、清兵衛を殴りつけ、これまでも瓢箪を集めていることに苦々しく思っていたこともあり、今まで集めていた瓢箪を割ってしまった。教師が清兵衛から取り上げた瓢箪は小使いが貰い、彼は骨董屋に五十円で売り、骨董屋はそれを地方の豪家に六百円で売った。清兵衛はその後絵をかくことに熱中しだし、彼の父はそろそろ彼の絵を描くことにも叱言を言い出している。

従来指摘されてきているように、この作品が志賀の芸術を解そうとしない父親への反撥が強く反映されていることは、清兵衛の瓢箪集めにも、絵を描くことにも理解を示さない父親に窺えることは言うまでもないが、更に『創作余談』に書かれた馬琴の挿入にも見ることができる。『創作余談』で示されたように、特にここで馬琴の瓢箪にしたのは、作者の父に対するわだかまりが原因していて、作品の中では「馬琴の瓢簞と云う奴は素晴らしいもんじゃったのう」という父親を「心で笑って」「下らない物だと思ってその場を去」る清兵衛の心情として明確に示されている。父と子の視点で見れば、清兵衛が瓢簞に関心を持っても「子供の癖に瓢いじりなぞをしおって…」と苦々しそうに言い、まったく子供の気持ちや興味に関心を示そうとしない理不尽な父親が目立っていて、おそらく東京を離れて間のない頃に書かれた作品故に志賀の生の心情が反映されていても当然という見方もできる。

しかし、この作品はもっと清新なイメージを持った作品であり、高等学校の生徒に教材として用いる場合は、清兵衛像に着目して教えることが必要であると考えられる。その視点で注目すべきは、作品の最後に「清兵衛は今、絵を描く事に熱中している。これが出来た時に彼にはもう教員を怨む心も、十あまりの愛瓢を玄能で破って了った父を怨む心もなくなって居た。」そして更に「然し彼の父はもうそろそろ彼の絵を描く事にも叱言を言い出して来た。」と書いている点である。父が清兵衛の関心と才能を全く省みようとしないのに対し、清兵衛は一途に絵を描くことに熱中し、「これが出来た時」即ち絵が描けたときはその出来ばえに心を満たして、大人の理不尽に何時までも拘泥していないのである。瓢簞であり、絵であり、自らが発見した作業に一番の関心を示す清兵衛に十二歳の少年らしい純粋さと、作品としてはそこに清新なイメージを喚起させるところがこの作品の見せどころであることに注目しなければいけない。

高口智史氏がこの作品は「まえがき」と「あとがき」による「入れ子型構造の作品」であることに注目している（「『清兵衛と瓢簞』論――〈冬の時代〉の構造」「日本文学」（日本文学協会）四十六巻七

号、一九九七年七月)。「まえがき」とは、「これは清兵衛と云う子供と瓢箪との話である。」と書き出された冒頭部分であり、「あとがき」は「清兵衛は今」で始まる箇所である。氏はこの視点から、「まえがき」では、絵に興味をもつことで清兵衛を襲った不幸が解決されたかのように語られていたが、「あとがき」では一転して清兵衛に同じ不幸が繰り返されることが暗示されている。

として、この作品を「完結しない物語」という見方で論じている。「入れ子型構造の作品」であることに注目することは了解できるが、はたして「同じ不幸が繰り返される」「完結しない物語」と読むのが適当かといえば、疑問を呈さざるをえない。つまり「まえがき」では先に引用した文のあと「それは絵を描く事で、彼は嘗て瓢箪に熱中したように今はそれに熱中して居る」と示していることのほうが意味があると考えるのである。即ち、父や修身の教員の存在とは無関係に、彼は瓢箪に熱中し、次には絵に熱中するように自分の関心事に対して純粋に向かい合っているピュアな心の持ち主であることを、この「入れ子型構造」によって強調されていると読むべきであろうと考えるのである。

高橋英夫氏は、「この作品は、志賀直哉がいかに私情を超越したらいいのかという切実な問題に対して、寓話化によって示したみごとな解答と言える」(『志賀直哉　見ることの神話学』一九九五年五月、小沢書店)と解釈している。高口氏とは異なって、父との確執を超えて、本来の自分の道を強調した志賀の意思が反映された作品とする見方には評価すべき方向がある。しかしここにも作者の実生活に拘泥した読みを認めなければならない。むしろここでは作者の呪縛を離れて、十二歳の少年清兵衛の瓢簞から絵へと展開する創作への興味に焦点を絞り、「入れ子型構造」の意図を重ねることで、作品は背後に父の問題があったにしろ、ここでは清兵衛の創作へのピュアな心を浮出させることに狙いがあったと読むべきでないだろうか。

当然そこには白樺派作家志賀の芸術への関心の有り様が反映している。清兵衛が「極く普通な形」であったのを見出して磨いた瓢簞が六百円で売られたエピソードは、清兵衛の瓢簞を見る眼の確かさと、一方で父親や修身の教員には全くその価値が理解されてなかったことが示されることにもなっている。そして芸術の価値を解さない周囲とは無縁に自分の出会った美しさへの関心に熱中する清兵衛像に作者の芸術への姿勢を見ることができる。この作品を教材として用いるときには、作者の芸術への意思を託された主人公のけがれない美への執着と熱中する姿にこそ読者の関心が集約するように伝えたいものである。

芥川龍之介『羅生門』
エゴイズムと戦う下人像——人間の愚かさへの芥川の眼差し

芥川龍之介の『羅生門』は、現在文部科学省が認定するすべての「国語総合」教科書に採用されている。『羅生門』が大正四（一九一五）年十一月に発表されて、今年（二〇一五年）はちょうど百年になるが、主人公下人の心理を描く芥川の鋭い筆致は現在の読者の心にも新鮮な響きと問いを投げかけ、高等学校の教材としても不可欠の存在となっている。

『羅生門』が発表された大正四年は芥川二十三歳、東京帝国大学の学生であった。時代は明治から大正へ展開し、新時代への期待の中で様々な動きが活発になっていく中で、次第に価値が多様化し、個々が分派独立の傾向を強くしていくに従い、人間のエゴイズムの問題が次第に表面化し始めている時期であった。これも高等学校の国語教材必須の作品である夏目漱石の『こころ』が大正三（一九一四）年に朝日新聞に連載され、青春の恋にとらわれた心の中から無自覚の内に発現されたエゴイズムの為に友人を死に追いやった過ちに半生をかけて真摯に向き合う人間の誠実と苦悩を国民に投げかけ、読者は近代人が避けて通れない課題として受けとめたのである。『羅生門』はそのような不安定な変動の時代に必須のテーマを提供して執筆された作品であったとも言える。

『羅生門』はそのような背景において、下人の行動に表れたエゴイズムが作品の評価を決めている所に肝心があったのは言うまでもないが、そのエゴイズムの発現を描く芥川が、エゴイズムと秘かに格闘しながら行動を決していく下人の人間像に注いでいた眼差しの有りようにも、この作品が今日まで読み継がれてきた魅力の要因があるように考えられる。

芥川は生後七ケ月で母親が発狂し、以後母の実家芥川家に引き取られ、育てられた。母は芥川十歳の時に亡くなるが、彼が母の死のことを公にしたのは大正十五（一九二六）年に発表した『点鬼簿』であった。

僕の母は狂人だった。（略）いつも芝の実家にたった一人坐りながら、（略）如何にももの静かな狂人だった。（略）僕の母は三日目の晩に殆ど苦しまずに死んで行った。死ぬ前には正気に返ったと見え、僕等の顔を眺めてはとめ度なしにぽろぽろ涙を落した。

例えば『大導寺信輔の半生』（大正十四年）で「大導寺信輔の生まれたのは本所の回向院の近所だった。」と書き出しているように、これまでは芥川道章、儔の子供として本所に生まれたと言ってきた芥川が初めて実母のことを公にしたのであるが、『点鬼簿』を見ると、彼が十歳より前に実母のことを知らされていたことが推測できる。養家で育った芥川が養父母に気を遣い、狂人だった母を意識しつつ、幼少期かなりさびしさを抱きながら育ったことが想像できる。そしてそのさびしい幼少年期を過ごしたがゆえに他者を思いやる温かさや優しさを身につけて育ったと思えるのが明治四十四（一九一一）年頃書かれたとされている生前未発表の『日光小品』の中の「温き心」である。

中学校の修学旅行で足尾銅山を訪れた時の印象を綴った短文であるが、そこで「汚れた小供の顔と盲の御婆さん」を見て、

温き心を以てするのは私たちの務めだ

と強く感じたことを記している。弱者や不幸な人に接すると温かい眼差しを向ける人間観を持つ芥川にこうした少年時代から思春期の人生体験が影響していることがうかがえる出来事であるが、この優しさであり、温かさが芥川文芸の底辺にいつも漂っていることを芥川の作品に接する時には私達は記憶にとどめておく必要があることを強く感じるのである。

そのことを踏まえて『羅生門』を読むと、従来とは異なった面で下人の姿がリアルに想起されるのである。

作品はある秋の暮方、羅生門の下で雨宿りをする下人の描写から始まる。京都の町は相続く災害ですっかりさびれ、長年奉公していた主家から暇を出され、明日の生活の手立てもなく途方に暮れている下人であるが、彼は「盗人になるよりほかに仕方がない」とは思いつつも盗人になるには「勇気が出」ない善良な小市民である。一夜を羅生門の楼上で過ごそうと梯子を上ると、一人の老婆が屍骸の中に

うずくまっているのを見た。老婆は屍骸の一つ一つを覗きこむように眺めていた。間もなく老婆はその死人の一人の髪の毛を抜き始めた。老婆が何故髪の毛を抜いているのかはわからなかったが、その光景を見たとたん、「許すべからざる悪」を感じ老婆を詰問し始める。すると、老婆は死人の髪の毛を抜くことが「何ぼう悪いことかもしれぬ」ことも理解しており、死人を吟味して蛇を干したものを干し魚と偽って売っていたという悪を犯しているこの女は髪の毛を抜かれても仕方がないという論理を下人に説明する。読者は、下人に小市民を見ることが出来るように、老婆にもやはり、こんな世でなければきっと普通に生活を営む小市民であることを感じるであろう。芥川が『羅生門』で用意したのは、この善良な小市民が状況によって悪人に変わるということであったとも言えよう。

　この物語で小市民が悪に変わる要素として描いたのが下人の頰の面皰だという考えができる。というのはこの短編中に下人の面皰は四回描写されていて、その描写が刻々と変化するさまが描き分けられているのである。①「右の頰にできた、大きな面皰を気にしながら、」②「短い髭の中に、赤くうみを持った面皰のある頰である。」③「右の手では、赤く頰にうみを持った大きな面皰を気にしながら、」④「一足前へ出ると、不意に右の手を面皰から離して、老婆の襟上をつかみながら、」。はじめは「気にしながら」から最後は「右の手を面皰から離して」、下人は老婆に「では、おれが引剝ぎをしようと恨むまいな。おれもそうしなければ、飢え死にをする体なのだ。」と告げ、老婆の被服をはぎ取っていく。面皰の描写も「大きな面皰」から「赤く頰にうみを持った大きな面皰」に変化する。かつて夏目漱石が『門』の最後に主人公のエゴイズムの発現を「爪」で示したことがあるが、この場面の「面の内側からのエゴイズムの発現を端的に語っていると言えよう。

　更に注目すべきは、作品の最後が初めは「下人は、既に、雨を冒して、京都の町へ強盗を働きに急ぎつゝあった。」であったのが、二回改稿され現在の「下人の行方は、誰も知らない。」になった。もし作品が初出のままであったなら、老婆の被服をはぎ取って去った下人は、これから更に「強盗」を重ねることになる。しかし、老婆の被服をはぎ取った下人がこれからも「強盗」になる確証はない。面皰の描写を振り返ると、最後に下人は「不意に右の手を面皰から離して」いる。生きるために切羽詰った下人が意志とは別にエゴイズムに囚われて思いがけず老婆の被服をはぎ取ったとも読むことが可能である。おそらく「不意に」面皰から離した手はそのあと、ある自覚によって再び面皰の上に戻るに違いない。その意味でも最後は「下人の行方は、誰も知らない。」が適当だったと言えよう。小市民としての下人を描いた芥川は、再び面皰にさわり、被服をはぎ取った暴挙を恥じるに違いない下人をも想起させる。人間は、そのように不確かなところでいつもエゴイズムに犯される危険をすぐそばに持ちながら毎日を過ごしていくのである。人間の愚かさと、そうした人間を、私達は思いがけず犯した罪だけで一面的に評価してはいけないというメッセージをこの小市民の物語『羅生門』から感じ取ることができる読み方であろう。

梶井基次郎『檸檬』
檸檬爆弾の意味——病魔に冒された魂の彷徨

梶井基次郎が『檸檬』を発表したのは大正十四（一九二五）年一月に友人たちと出した同人雑誌「青空」創刊号であった。作品は当初「瀬山の話」として前年に書き始めていたものから一挿話を取り出して完成させたものである。内容は、三高時代に結核の病魔と闘いながらすごした青春の時間を素材としている。

梶井に結核の兆候が見え始めるのは大正六年、北野中学四年生（十六歳）のときである。大正八年には中学を卒業し、第三高等学校に入学、九年九月には肺尖カタルと診断され、医者、母から学業の中止を進められている。しかし、退学することなくつづけた学業も、音楽と文学への関心ばかり強くなり成績は一年生終了時は一二七人中九七番だった。病気のこともあり、前途を見出せぬ寂しさと、勉学への意欲の喪失の中で飲酒を覚え、不幸、失意を自覚した文を書き始めている。後の作品の素材となったレモン体験も死後発見された習作詩篇「密やかな楽しみ」から想像しておそらくこのころのことである。大正十三年一年遅れて三高を卒業し、東京帝国大学英吉利文学科に入学後に、文学者として生きる決意をして友人たちと同人誌「青空」を刊行しその創刊号に『檸檬』を発表した。

ただし同人誌発行準備中の大正十三年七月二日、異母妹八重の結核性脳膜炎による死に遭い、四日後の先輩近藤直人宛の書簡には「全く感情の灰神楽です」と表現した痛切な手紙を書き送っているように、かなりの心の動揺をきたす体験をしている。自らの死への恐れが現実に姿を示した体験でもあったこの出来事を踏まえてこその恐れを抱きながら、一方で新しい出発を期した『檸檬』を発表している点に注目する必要がある。すなわちこの作品は発病以来迫られている死への恐れと、それゆえの現実生活における退廃の日々から、作家として出発する意欲へ転換した心情を反映したものであり、主人公が丸善に檸檬爆弾を置いた意味もそのことと密接に関連させて解釈しなければならない。

作品の梗概は次の通りである。京都に住む貧乏学生の私は肺を患い、始終「えたいの知れない不吉な塊」に心を圧えつけられていた。今はもう好きな音楽に耳を傾けることもできず、何かに追い立てられているように「街から街を浮浪し」ていた。気持ちを慰めてくれるものは壊れかかった裏通りの風景とか、花火やおはじきや南京玉であり、今歩いている街を京都から何百里も離れた何処か遠い街へ来ているのだという錯覚を起こそうとし、「現実の私自身を見失うのを楽しんだ」。ある日街へ彷徨い出た私は、一顆の檸檬を買った。すると不思議とそれまでの憂鬱が晴れてゆくのを感じる。「レモンイエロウの絵具をチューブから搾り出して固めたようなあの単純な色」「丈の詰まった紡錘形の恰好」、その冷覚、触覚、嗅覚、視覚、全てが「私にしっくりした」。幸福になることができた私は「生活がまだ蝕まれていなかった以前」は好んで行ったが最近は避けていた丸善に入った。しかし入ったとたんに「心を充たしていた幸福な感情はだんだん逃げて」、ふたたび憂鬱が立て罩めてきた私は、袂の檸檬を思い出し、画本を積み上げてその頂きに檸檬を置く。「カーンと冴えかえって」「埃っぽい丸善の中の空気が、その檸檬の周囲だけ変に緊張しているような気がした」。私は檸檬を爆弾と見立て、その檸檬爆弾が気詰まりな丸善を「粉葉みじん」にすることを、店を出てから空想する。「もう十分後にはあの丸善が美術の棚を中心として大爆発するのだったらどんなにおもしろいだろう」、そんな想像に歪んだ微笑を浮かべながら、私は「活動写真の看板画が奇体な趣きで街を彩っている京極を下って行」くのである。自己を圧迫しつづける現実を一顆の檸檬によって瞬間的に破砕し、鬱屈した青春の魂を解き放って見せようとしたこの作品は、檸檬のイメージを効果的に用いることで主人公の退廃的な青春の心象風景を清澄に描き出している。

「えたいの知れない不吉な塊」を感じるようになってからは、以前私を喜ばせた「どんな美しい音楽も、どんな美しい詩の一節も辛抱がならなく」なり、あらゆることに嫌悪と苛立ちを抱くようになっている。原因が肺尖カタルの宣告にあることは想像できるが、ただ「えたいの知れない不吉な塊」と表現することで現在の重く圧された心境が強調されている。その「不吉な塊」に心が圧され、生活が蝕まれるようになる以前の私にとっては「西洋の息吹を伝えてくれる空間」（濱川勝彦『鑑賞日本現代文学⑰梶井基次郎・中島敦』角川書店）であり、将来への夢や希望を育ませてくれていた丸善を今は避けるようになり、街を歩くのも賑やかな通りよりも暗い通りを求めて歩くことを好み、見すぼらしくて美しいものにひきつけられるようになる。それはまさに「不吉な塊」に心が占領されあらゆることに希望が持てなくなり、目的を見失った焦燥の中での彷徨といえるが、しかしその私が子どものころに遊んだビイドロやおはじきに幼いときを想起して懐かしさを喚起していることは注目される。「不吉な塊」を意識する前の無邪気に過ごした子供時代が懐かしく思い出され、そのときだけしばしの安らぎを感じることができる。私は見慣れた街の風景を見るたびにもう戻れない過去と現実の断絶を感じさせられるばかりである。何処か見知らぬ遠い街に来ているのだという錯覚を起こそうとする私にも、現実を避けようとする心情が現れている。

そんな私が変化するのが丸善での檸檬爆弾である。丸善に入るまでに「幸福な感情」を取り戻してきていたのに、丸善へ入るとその感情は逃げていき、再び憂鬱が立て罩めてきた。つまり私の心を圧している「不吉な塊」の大きな原因が肺尖カタルだけでなく、「西洋」であり、未来の希望を抱かせた丸善の存在であり、心奥にそこへの到達に決定的な断絶を感じている現在において感じさせられるそこからの威圧であることが推測できる。だからこそ「以前はあんなに私をひきつけた画本」すら違和感を抱かせるのであり、今はその憂鬱にさせる心象の丸善を消滅させることで決別しようとするのである。私は手当たり次第に本を積み上げ築き上げた城壁に檸檬を据え、繰り返し訓練してきた「想像」によって丸善爆破を可能にした後で、今度は日常の生活が渾然とする京極の町を下っていくのである。

私が丸善爆破を可能にした後、何故京極を下っていったのか。最近は明るい通りを避けて暗い裏通りを歩くことを好んで選んでいた私が、最後に混沌とした日常の雑踏の街中へ歩き出していくところにこの作品の狙いがあることは注目しなければならない。

終わり方はこうである。「私はこの想像を熱心に追求した。そうしたらあの気詰りな丸善も粉葉みじんだろう」。「この想像」とは、最近私が努めてきた「錯覚を起そう」とすることに通じる。この最後の場面を少し深読みするなら、最近の私はこの最後の丸善爆破を実現するために「錯覚を起そう」とする訓練をしてきたようにすら読める。そして錯覚による檸檬爆弾を可能にし得たことによって、その「檸檬爆弾」の「錯覚」を可能にした「知性と感性」の凝縮した一点に、これまで「不吉な塊」に圧されて憂鬱に沈んできた自己を脱して新しく歩み出しうる感触を得たのではないかと考えられる。それは創作への意欲を再燃させようとする作者梶井自身の心情でもあり、雑踏の京極へ向かっていく主人公の心奥に、病気と死への恐れはなお厳然としてあるものの、人生と創作の可能性に対する燭光を託そうとしたのではないかととらえられるのである。

谷崎潤一郎『春琴抄』
春琴と佐助の愛の形——日本美の希求

昭和八(一九三三)年、日本が国際連盟を脱退し戦争色に染まり始めているときに谷崎は、川端康成がまさに「ただ嘆息するばかりの名作で、言葉がない」と賞賛した『春琴抄』を「中央公論」に発表した。谷崎は大正十二(一九二三)年の関東大震災を契機に関西に移住し、戦後『細雪』執筆後に関東へ移るまでの二十五年ほどを関西、特に阪神間で住み、その間に彼の創作世界も日本の古典美への憧憬を強くしたものになっていった。

谷崎文芸については、処女作となった『刺青』が明治四十三(一九一〇)年十一月発行の第二次「新思潮」創刊号に発表された翌年、永井荷風が「三田文学」(一九一一年十一月)で「明治時代の文壇に於て今日まで誰一人手を下す事の出来なかつた、或は手を下さうともしなかつた芸術の一方面を開拓した成功者は谷崎潤一郎氏である」と評価し、その特質として「肉体的恐怖から生ずる神秘幽玄」「全く都会的たる事」「文章の完全なる事」の三点をあげた。この永井荷風の推挽が契機となって谷崎は耽美派の作家として一躍注目されることとなった。特に『刺青』に表された拝跪の美学は谷崎文芸の特徴として注目されるようになった。

一方谷崎の美への意識として注目されるのが、大正時代末期ごろからのプラトンのイデア論への関心である。現実での美貌が醜悪になっても、そうした現実世界を超えて実在し続ける永遠不変なイデアを希求しようとする美意識であるが、こうした永遠美への希求と、拝跪の美学、それに日本の古典美への仰望、更には日本語表現の美しさへの関心が集約して『春琴抄』が出来上がったといってもよいであろう。

構成においても注目すべき出来事がある。昭和二（一九二七）年に芥川龍之介との間で交わされたいわゆる「小説の筋」（プロット）論争である。そこで芥川は小説における「詩的精神」「純粋性」を主張したが、谷崎は物語としての「筋の面白さ」の価値を強調した。『春琴抄』の発表当初、作品の内容があまりにも真実に迫っていたので春琴や佐助が実在した人物であろうと考え、大阪にその墓を探しに出かけた人もあったというエピソードが残っているのも、この作品がいかに筋の面白さに成功していたかを想起させる出来事であったといえる。そうした総合的な面から、後に中村光夫が「この小説はたんに谷崎の円熟期の代表作であるだけでなく我国の近代小説のなかから十編を選べば必ず加えらるべき傑作であろう」とまで絶賛したことは、この作の出来ばえを端的に示す言葉として注目される。

更にもう一点『春琴抄』に表れている特徴として、谷崎の関西移住がもたらした大きな収穫としてあげることが出来る陰翳美への開眼がある。この陰翳美については昭和八年～九年に発表したエッセイ「陰翳礼讃」にまとめて示されているが、その中心の考えは、美は物体にあるのではなく、物体と物体との作り出す陰翳のあや、明暗にあると考へる。夜光の珠も暗中に置けば光彩を放つが、白日の下に曝せば宝石の魅力を失ふ如く、陰翳の作用を離れて美はないと思ふ。

の一文に言い尽くされていよう。「明朗な近代女性の肉体美を謳歌する」新しい時代にあって、しかし日本的本来の美は外形的にあらわされる肉体美そのものではなく、この「陰翳美」にあるという考えに立って、『吉野葛』(昭和六年)『盲目物語』(昭和六年)『蘆刈』(昭和七年)、そして昭和八年に『春琴抄』が書かれるのである。ちなみに『盲目物語』は、織田信長の妹お市の方の数奇な生涯を、おそばに仕えた盲目の弥市が老人になってから回想する物語で、お市の方の美は弥市の語りを通してしか読者には伝わらず、盲目の弥市の追憶のかなたにほのかに想像できるだけの構図になっている。『春琴抄』もまた佐助の回想と「私」の語りを通して春琴の美が髣髴されるという構造を持った作品として描かれている。

作品は語り手の「私」が近頃『鵙屋春琴伝』という小冊子を入手し、興味を抱いたので春琴、佐助の墓を訪ね、更に二人を知る唯一の生存者鴫沢てる女からも話を聞いて、彼なりに知ったところを語っていくという形式をとっている。

大阪の裕福な薬種商鵙屋に生まれた春琴は、九歳の時に失明し、以後琴三弦の稽古に励む。音曲の天分に優れ、稀な美貌の持ち主であったが、我儘で、極めて気位が高く、気難しかった。丁稚の佐助はそうした春琴を崇拝し、実に献身的に尽し、いつしか彼も春琴に三味線の稽古をつけてもらうようになる。やがて、春琴は佐助の子を身ごもり、二人の仲が発覚する。淀橋筋に一戸を構え事実上の夫婦となるが、佐助はあくまで弟子、奉公人として終生春琴に仕えた。ある晩、春琴は忍び込んだ何者かによって熱湯を浴びせかけられ、顔にひどい火傷を負ったが、佐助はその醜くなった春琴の顔を見ないように自ら針で目を突くのであった。

この作品をマゾヒスティックな女性拝跪の姿の極致を示した作品だと評価する見方もある。作品の最後で「私」が、

　佐助が自ら目を突いた話を天竜寺の峩山和尚が聞いて、転瞬の間に内外を断じ醜を美に回した禅機を賞し達人の所為に庶幾しと云ったと云うが読者諸賢は首肯せらるるや否や

と記したところにも、佐助の美を求める異常な心理、美への執念の行動を評価する見方が多くされてきた要因があるともいえる。しかし、果たして谷崎が求めた『春琴抄』の美は、佐助のエゴイスティックな認識と行動で達成できるものであったのだろうか。注目しなければいけないのは、佐助が自らの目を突く決心をしたくだりである。「近いうちに傷が癒えたら繃帯を除けねばならぬ」「余人は兎も角お前にだけはこの顔を見られねばならぬと勝気な春琴も意地が挫けたかついぞないことに涙を流」す、

佐助も「言葉なく共に嗚咽するばかり」だったが「必ずお顔を見ぬように致します」と「何事か期する所があるように云った」と「私」は語っていく。『鵙屋春琴伝』には記されてなかった詳細を「私」がのちに調べてこのようないきさつだったと語る語り方であるが、それを強調する「私」の物語はこの春琴と佐助の愛に対する深い関心に基づいていることは言うまでもないであろう。そして、目を突いた後も変わらず春琴に仕え拝跪の関係を全うした佐助に注目しているのである。

春琴、佐助の愛に谷崎が自らの根津松子への憧憬の愛を重ねたことはよく知られている。そのことをあわせて考えても、佐助が目を突き盲目となってからはその脳裏に刻まれた春琴の美貌のみを思い描くようになった中で、一方で、日々の生活の中では現実の春琴の存在を実感し、拝跪の姿勢を守り続けたその内と外の有りようによって、その美はより純化された世界として佐助の心象に生き続けたであろうことを「私」の語りを通して読者に感受させようとしたのであろうと推測できる。言うまでもなく作中「私」は直接佐助に会って聞く立場に設定はされていない。その「私」が事情を知っている者に尋ねることで判明した春琴、佐助の愛の形を明確に語っていくことで、その愛の形の彼方に浮出する唯美の世界、これこそ『春琴抄』が求めた美の世界であり、谷崎文芸ならではの奥行きの深い豊穣な日本の古典美の世界であるということができよう。

太宰治『富嶽百景』
月見草にかける願い――「中期」の明るさへの開示

晩年、太宰は『苦悩の年鑑』（昭和二十一年六月）のなかに次のように記している。

金持は皆わるい。貴族は皆わるい。金の無い一賤民だけが正しい。（略）

しかし、私は賤民でなかった。ギロチンにかかる役のほうであった。私は十九歳の、高等学校の生徒であった。クラスでは私ひとり、目立って華美な服装をしていた。いよいよこれは死ぬより他は無いと思った。

私はカルモチンをたくさん嚥下したが、死ななかった。

「金持」「貴族」は言うまでもなく父源右衛門を想起させる。士族の離農者から土地を安価で買占め、零細農民に高利で金を貸し、担保流れの土地を収奪して財をなし、多額納税者として貴族議員までにのし上った源右衛門に対し太宰は、後ろめたさと、しかし資産家の家に生まれたことへの優越感をいだき、その父への否定と仰望が生涯の苦しみとなった。例えば『人間失格』の大庭葉蔵に対して、最後にバアのマダムに「あのひとのお父さんが悪いのですよ」「私たちの知っている葉ちゃんは（略）神様みたいないい子でした」と言わせているところに集約的に語られているといえる。「十九歳の高等学校の生徒」のとき、初めて自殺未遂を起した太宰は、以後数回未遂を繰り返し、昭和二十三（一九四八）年六月、山崎富栄と玉川上水に入水、帰らぬ人となった。

その数度の自殺未遂のひとつに昭和十二（一九三七）年三月の小山初代との水上温泉での出来事がある。弘前高等学校時代の苦悩と寂寥の中で出会った小山初代は、彼女が料亭置屋「玉屋」で芸妓をしている中で知り合い、彼が「無垢のままで救った」（『東京八景』昭和十六年一月）と思い、それを誇りにして、自分を見失いがちの苦悩の人生の支えとしてきた女性であった。切望する芥川賞も貰えず、芸術と人生への失意の中で急速に進んだパビナール中毒、それを克服するために武蔵野脳病院へ入院し苦闘するその間に生じた初代と小館善四郎の過ちを聞かされたことが自殺を決意した動機であった。「私には、すべての肉親と離れてしまった事が一ばん、つらかった」（『東京八景』）と告白する太宰が、両親の愛薄く、寂寥と彷徨の中で過ごした青春において唯一支えとしてきた〈愛の形〉が初代の存在であった。『富嶽百景』の中で、御坂峠に出かける前の場面で「東京の、アパートの窓から見る富士は、くるしい」と語る心境は過ちを聞かされたその時の辛さをなぞっている。あの時、「ひとりで、がぶがぶ酒のん」で、アパートの便所の金網越しに見た「あの富士」が忘れられないと語っている。その時の寂寥と傷心を癒し、生活を改善するために井伏鱒二の勧めに従って転地療養に出かけたのが昭和十三年九月のことであった。

作品は「昭和十三年の初秋、思いをあらたにする覚悟で、私は、かばんひとつさげて旅に出た。」と記す箇所で明らかに転調がある。この作品は、十一月になって下山して甲府に居を移してからの執筆なので、御坂峠での富士山体験を懐かしく、かけがえのない体験だったとして振り返る太宰の心情によって書かれている。

御坂峠に着いてはじめに富士山を見たときの印象を「私は、ひとめ見て、狼狽し、顔を赤らめた。これは、まるで、風呂屋のペンキ画だ。」「私は、恥ずかしくてならなかった。」と記している。その心境がやがて「いいねえ。富士は、やっぱり、いいとこあるねえ。よくやってるなぁ。」になり、「富士山、さようなら、お世話になりました。」と変化していく。富士山に対する態度の変化を通して「私」が暗い喪失の心境から、慰藉され自信を回復し自立への確信を抱いていく過程が実にあざやかに深いいとおしさを持って描かれた作品が『富嶽百景』（昭和十四年二～三月）でありそれがこの作品を読む読者に対してしみじみとした懐かしさと共感をいだかせる理由にもなっている。

その「私」の富士山体験で特に印象に残るのが、「ことさらに、月見草を選んだわけは、富士には月見草がよく似合うと、思い込んだ事情があったからである。」と書き出した九月のある日のバスの中での体験であった。御坂峠は「海抜千三百米」、峠の頂上にある天下茶屋に宿泊する「私」は三日に一度くらいの割で麓の川口村の郵便局に郵便物を受け取りにいかなければならない。その日も郵便物を受け取りバスに揺られて峠の茶屋に引き返していた。女車掌の「きょうは富士がよく見えますね」の言葉を合図にしたかのように車内の客はいっせいに車窓から首を出し嘆声を発していた。その道をすでに何度か行き来していて、富士山の光景に対しても「高尚な虚無の心」さえ意識する「私」はそんな客の様子に無関心を装っていた。その時、「富士には一瞥も与えず、かえって富士と反対側の、山路に沿った断崖をじっと見つめて」いる老婆が目に留まった。「私」は心惹かれるものを感じ「老婆に甘えかかるように、そっとすり寄って、老婆とおなじ姿勢で、ぼんやり崖の方を、眺め」た。そのときに老婆がひとこと「おや、月見草。」といった言葉が「私」の心をとらえた。

三七七八米の富士の山と、立派に相対峙し、みじんもゆるがず、なんと言うのか、金剛力草とでも言いたいくらい、けなげにすっくと立っていたあの月見草は、よかった。富士には、月見草がよく似合う。

佐藤春夫が、太宰の句碑を御坂峠の頂上に建てる際に選んだのがこの「富士には、月見草がよく似合う」の箇所であったことはよく知られている。太宰は昭和十二年の『二十世紀旗手』『HUMAN LOST』においても「タンポポの花一輪の信頼」への希求を書いているが、わずか野の花一輪に信頼を託する思いには、不信と失意の現実の中にあって懸命に救済を願う切実な心境が表れているとも言える。そうした切実な願いが、ここでは、野の花月見草に重ねられている。そして、高貴で勇壮な富士の姿に精一杯咲き競っているかのように見えた月見草に自らを重ねていくことで、自らにも新しい生への勇気を探り出そうとするかのような期待を感じさせている。

はじめ富士の雄大さに気後れしていた「私」だったが、ここではたとえ野の花一輪であっても、その富士に対して「立派に相対峙し、みじんもゆるがず」毅然と立っている姿に自らを重ねていくことで生命力を回復しようとしている変化を窺うことができる。その後十月になっても仕事はそれほどかどらないが、しかし、月見草を発見してからは富士を正面から見る勇気は確実に回復している。例えば依然として続く苦しさを深く感じた日に「富士にたのもう。突然それを思いついた。」と示された箇所である。そのように富士を信頼し、そのことによってそれまで閉塞していたナルシシズムの煩悶からも解放されていった「私」は、十一月にはいって急速に寒くなってきた峠から降りることを決めた。その下山の前日に茶店にやってきた若い清純そうな二人の女性にたのまれてカメラのシャッターを切る場面は、この作品の魅力を倍加させている。富士山だけをレンズ一杯に写したカメラを「はい、うつりました」と返す「私」はユーモラスで温かさを感じさせる。娘さんには悪いが富士にむかって素直に感謝を言う「私」の心は、娘さんには通じないかもしれない。しかし、ここではもう他者におどおどする「私」はいない。月見草の勇気を獲得した「私」がこれから、自由と素直さを信じて自分を見失わずに毅然と進んでいくであろう期待が感じさせられる作品である。太宰治文芸の「中期」の明るさの開示を確かにさせた作品でもあろう。

太宰治『正義と微笑』
太平洋戦争下の真摯な生き方——他者との関係性に対する提言

昭和二（一九二七）年七月二十四日に芥川龍之介が自殺をしたとき、太宰治、本名津島修治は弘前高等学校の一年生だった。芥川にあこがれ作家を目指していた太宰はその年の五月に青森の公会堂での芥川の講演を聞いている。その芥川の突然の自殺に人生の暗雲と他者への断念の翳りを感じとり、人生の晩年を意識した深いナルシシズムの煩悶の中から出発した太宰文芸が転機を迎えるのは昭和十三（一九三八）年の『満願』『姨捨』からと言われている。深刻なパビナール中毒に侵され武蔵野病院へ入院したその間に妻の初代が過ちを犯し、そのことを告白した。そして群馬県谷川温泉山麓での心中未遂、そうした苦悩の極みを体験する中でつかんだ新たな生き方、その転機を示した作品が『満願』『姨捨』であり、そこには、人生のギリギリの体験の中で、自己への素直な肯定と他者の善意に対する自然な感謝の姿勢を表すようになったのがその転機への一つのきっかけとなったことが示されている。いわゆる太宰文芸の中期の明るさを標榜した世界の開始であるが、そのあと『女生徒』や『走れメロス』、『富嶽百景』などの代表作が集中して書かれている。

その中期の太宰を最も力強く表している作品として『正義と微笑』をあげることができる。『正義と微笑』は昭和十七（一九四二）年六月に書き下ろし作品として錦城出版社から発行された。主人公芹川進の十六歳から一年八ケ月あまりの日記で綴る展開となっている小説である。まず芹川進が日記を書き始める動機をこのように記している。

僕は、きょうから日記をつける。このごろの自分の一日一日が、なんだか、とても重大なもののような気がして来たからである。人間は、十六歳と二十歳までの間にその人格がつくられると、ルソオだか誰だか言っていたそうだが、或いは、そんなものかも知れない。僕も、すでに十六歳である。十六になったら、僕という人間は、カタリという音をたてて変ってしまった。他の人には、気が付くまい。謂わば、形而上の変化なのだから。（略）わざと間抜けた失敗なんかしてどく馬鹿らしくなって来た。お道化なんてのは、卑屈な男子のする事だ。お道化を演じて、人に可愛がられる、あの淋しさ、たまらない。空虚だ。人間は、もっと真面目に生きなければならぬものである。

進はこれまで周囲に対してとぼけたお道化で表面的にばかり接してきたのだが、十六歳になってこれまでの生き方が馬鹿らしくなって、これからは一日一日を大切に生きようと思うようになり、そのために毎日の生活を省みるべく日記を書き出すというのである。その彼が兄に読んでもらっていた『聖書』のマタイによる福音書六章十六節に「なんじら断食するとき、偽善者のごとく、悲しき面容をすな。(略)なんじは断食するとき、頭に油をぬり、顔を洗え。これ断食することの人に顕れずして、隠れたるに在す汝の父にあらわれん為なり。」と書かれている所からヒントを得て「微笑もて正義を為せ!」をモットーにして生きる決心をするのである。

その後の進は一校受験をしたが失敗し、R大へ進学したがすぐに幻滅した。俳優になろうとして鷗座に合格したが、演劇を虚栄とみなしているこの劇団の雰囲気にはなじめず、斎藤先生の示唆で春秋座を受け合格した。そこで地道に努力を重ね市川菊松という芸名をいただくようになり、彼は兄とは別の道を歩き出したことを自覚する。

僕は、兄さんと、もうはっきり違った世界に住んでいることを自覚した。僕は日焼けした生活人だ。ロマンチシズムは、もう無いのだ。筋張った、意地悪のリアリストだ。変ったなあ。(十二月二十七日)

兄は帝大を中退し今も小説家をめざして懸命に書いてはいるが、あいかわらず世間と真剣に戦おうともせずに酒にのがれ、ナルシシズムの世界から抜け出ようともしていない。その兄に対して「はっきり違った世界に住んでいることを自覚」する進はこれからは「日焼けした生活人」「リアリスト」として世の中にしっかりと立って生きていこうと決心するのである。その彼が最後にまじめに努力をして行くだけだ。これからは、単純に、正直に行動しよう。知らない事は、知らないと言おう。出来ない事は、出来ないと言おう。思わせ振りを捨てたならば、人生は、意外にも平坦なところらしい。磐の上に、小さい家を築こう。(十二月二十九日)

と決意を示したところで閉じられる作品である。

この作品が書かれたときは太宰治三十四歳、日本は太平洋戦争のさなかである。そのような緊迫した時代にあって、ロマンチシズムではなく現実の中にしっかりと立って「まじめに努力」をして、けっして華やかでなくてもよい、「磐の上に」小さくても堅実で確かな「小さい家を築こう」という意思を示したこの作品は、時代を明確に反映した作品であったと言える。昭和十六(一九四一)年十二月八日の太平洋戦争開始の朝に書き上げた『新郎』で一日一日を「厳粛」に生きなければならないと決意する主人公を描いた太宰は、戦時下における国民を意識しそのための提言を込めて書いたことは確かである。しかし、饗庭孝男氏が「ここには太宰の「転向」と、その後における彼の思考の道筋がはっきりとうかがわれるのである」(『太宰治論』一九九七年、小沢書店)と述べているように、この作品は太宰自身の人生への決意を示した作品としても評価されている。小説家を目指している兄が、転機を迎える前のナルシシズムの中で過ごした青春時代の太宰を反映しており、進は、中期の明るさを獲得してからの太宰の文芸と人生にかける意志とも見ることもできるのである。

この作品で注目すべきは、タイトルにもつながる進がモットーとした「微笑もて正義を為せ！」である。『聖書』からヒントを得たこの言葉は最後にこのように反芻される。

誰か僕の墓碑に、次のような一句をきざんでくれる人はないか。
「かれは、人を喜ばせるのが、何よりも好きであった！」（十二月二十七日）

断食をするときは偽善者のように悲しい顔をするな、どんなに辛くとも最後まで微笑をもって行えという聖書の言葉を「微笑もて正義を為せ！」と置き換えた進の真意は最後のこの言葉と密接につながっていよう。すなわち、他者のためには自己を省みずにすべてを集中して尽くせというモットーと解釈することができる。作品の最後に讃美歌を引用している。「わがゆくみちに　はなさきかおり　のどかなれとは　ねがいまつらじ」（讃美歌三一三）。ここには自己への妥協を拒絶した他者への善意に対する強い覚悟がうかがえる。木村小夜氏は「他者と共生する人間の真の意味での自立のありようが示唆されている」作品であると評価しているが（『太宰治事典』一九九五年、學燈社）、十八歳を前にした芹川進の世間と峻厳にかかわっていこうとする姿勢を示した本書は、太宰文芸の中期の力強さを表現しているとともに、時代を超えて他者との関係性に対して明確な提言を示したものとして現代の青春群像にぜひ薦めたい作品である。

中島敦『山月記』
李徴の〈慟哭〉と〈咆哮〉が伝えるもの

中島敦の『山月記』が「文學界」に『文字禍』とともに『古譚』と総題をつけられて発表されたのが昭和十七（一九四二）年二月であった。『山月記』がいつ書かれたかは定かでないが、中島が南方へ出かける前に深田久弥に『古譚』の原稿を渡していることから、少なくとも昭和十六年五月末にはできていたということができる。

中島がその生い立ちにおいて恵まれたものでなかったことは、二歳で両親が離婚した後祖母のもとで育てられ、六歳になった大正四（一九一五）年に父と継母の家庭に引き取られるが、継母と折り合いが悪く、更に大正十三年に父が再婚して迎えたもう一人の継母にも馴染めず、孤独な少年時代をすごしたことから窺える。また、父の転勤に伴い小学校で二回転校し、小学五年生二学期から中学卒業までは朝鮮で過ごしている。大正十五年四月に第一高等学校に入学してからはその両親から離れて独り暮らしをするようになるが、そのような生い立ちはおのずと中島を孤独で内閉な性格にしたようである。小学校、中学校を通じて学校の成績は大変優秀で朝鮮の最難関校の一つ京城公立中学にトップで入学し、彼の将来には大きな期待が寄せられていたようであるし、本人もそのことへの自負心も強く、授業中難しい質問をして先生を困らせたりもしていたようである。一高への入学試験も三番で合格している。一高から東大へ進学し昭和八（一九三三）年三月に卒業している。この期間に数編の短編を執筆しているが、卒業論文に大作「耽美派の研究」を書き上げ、卒業と同時に大学院へも進学しているので、創作よりもむしろ研究の方面に関心が深かったといってもよい。卒業後は大学院で学ぶと同時に横浜高等女学校で国語と英語を教えるようになる。昭和八年には『斗南先生』の一次稿を成しているように徐々に創作への関心を深めていっている頃でもある。一方で、一高一年生の時肋膜炎にかかり一年間休学し、昭和三年からは宿痾となった喘息の発作がはじまり、昭和十四年には発作がひどくなり体力も衰えていったようである。中島は生母チヨが大正十年に病死して以来、第二母カツが大正十二年に、第三母コウも昭和十一年に亡くなっている。更に異母兄弟三人も次々と亡くなり、一方で喘息も年々悪化していく中で自らの短命の宿命も自覚させられるようになっていく。叔父中島端（斗南）の死を凝視し、自己と対置させて書いた『斗南先生』（昭和十七年十一月）が示すように、自らの死と生について関心を深めていっていることが分かる。そうした中で創作への欲求が次第に強くなり、昭和十六年三月末には横浜高等女学校を一年間休職して「作家としての勉強」（濱川勝彦）をすることを父に了解を得ている。『山月記』が書かれたのは中島のそのような芸術への意欲が強まってきた時期である。

『山月記』は唐の李景亮撰の『人虎伝』を原典にしているが、中島によって大幅に改変されている。その最たるところとして、李徴がかつての友人袁傪と再会して懐かしい話をした後、二つのことを依頼するがその順序に対してである。『人虎伝』ではまず妻子への生活援助を依頼し、それから己の詩業伝録を依頼しているが、『山月記』では、逆になっている。作品は唐代、主人公李徴は秀才の誉れ高く、若くして科挙の試験に合格して出世コースを歩む役人として出発するが、自らの才能への自信と激しい功名心のために役人を辞して帰郷し、人との交わりを絶って詩作にふける。詩人としての名を死後百年に残そうとするが文名はあがらず、貧窮の末遂に「妻子の衣食のために」「節を屈」して、地方官吏として復職する。そして公用で旅に出た折りに発狂して、行方不明になった。一年後、旧友袁傪が旅の途中暁の山中で人食い虎に変わり果てた李徴と再会する。李徴は次第に人間としての自分が消えていき完全に虎となっていきつつある体の変化を自覚しながら、「おれがすっかり人間でなくなってしまう前に」「産を破り心を狂わせてまで自分が生涯それに執着したところのものを、一部なりとも後代に伝えないでは、死んでも死にきれない」と述べて今なお記誦できる数十の詩を伝録してほしいと頼む。この李徴の芸術への執着と功名心に、積年の中島の自らの才能への自負心と、喘息の悪化と、有限の人生を実感する中で芸術への熱い思いを抱く姿が重ねられることはつとに指摘されてきている通りである。その中島自身の芸術への期待と執着が『人虎伝』を改変して袁傪への二つの依頼の順序を逆にさせたとも考えられる。

しかし『山月記』では李徴の真剣な頼みを聞いて直ちに部下に命じて筆を執らせた袁傪の心に一つの疑問を抱かせている。「なるほど、作者の素質が第一流に属するものであることは疑いない。しかし、このままでは、第一流の作品となるには、どこか欠けるところがあるのではないか」。作品は袁傪自身にはこの疑問を解かせてはいないが、李徴のその時の「即席の詩」がその疑問に呼応するかのように続けられている。即ち、かつての名声に未練を残し、今や虎に変わり果てた自分は、この山間で痛恨のうめき声を上げるしかできないという心境をうたったものだが、そこに人間の欲に執着して真の芸術へ最後までたどり着けなかった李徴の限界と、そのことを即座に感じ取ったかつての友袁傪の心理とが呼応しているといえる。

そして更に作品は李徴の「臆病な自尊心と、尊大な羞恥心」を語る場面に続く。「臆病な自尊心」とは、李徴が「詩によって名を成そうと思いながら」、その自尊心の内側に自信の無さを潜ませていたが故に「進んで師に就いたり、求めて詩友と交わって切磋琢磨に努めたりすることをしなかった」ことであり、「尊大な羞恥心」とは、「己の珠なるべきを半ば信ずるがゆえ」にどうしても自分を低くして謙虚に他者と接することができなかったことを示し、そうした自己の不備不足が「妻子を苦しめ、友人を傷つけ」「持っていたわずかばかりの才能を空費し」、果ては「おれの外形」を「内心にふさわしいものに変えてしま」い、猛獣に成ってしまったのだと、「胸を灼かれるような悔い」の思いを切々と袁傪に語るのである。「空費された過去」への痛恨と、今や「誰一人おれの気持ちを分かってくれる者はない」という孤独を李徴は何かにすがるかのように袁傪に語り、その後叢中に姿を隠したまま激しく慟哭する。しかし今や袁傪にはどうすることもできず、涙を浮かべて、喜んで李徴の「意に添」うことを約束して立ち去ることになり、最後に李徴が虎となった姿を袁傪の前にあらわし、月を仰いでの咆哮を残して作品は終る。

これからの李徴の日々を考えれば救いがたい悲劇を想起するかもしれないが、しかし例えば袁傪に語る李徴の心情に、獲得した自己認識の鋭さ（田中実）を指摘することもできるし、中村光夫氏の、李徴を描く筆致に作者の「親身な愛情」を読み取る指摘も見逃してはいけない。李徴は思いがけない袁傪との再会で真の自己改心を語り得たであろうし、この最後の咆哮によって今までの内閉の自己執着を吐き出し、すべてを脱して「しあわせになれる」に違いない。そして中島は李徴の自己認識の中に、自らの芸術への新たな方向と覚悟を感じ取ったであろうし、李徴の慟哭と咆哮を意識しながら、自らの全てを託し得る芸術の道を歩みだす峻厳な暗示をこの作品執筆とともに感じ取ったに違いない。

山本周五郎『柳橋物語』
耐えて待つことで〈真実〉は必ず見えてくる

『柳橋物語』は戦後すぐの昭和二十一（一九四六）年七月に周五郎一人雑誌「椿」創刊号に前篇を発表し、昭和二十四年一月〜三月の「新青年」に、前篇を再掲載、中、後篇を書き加えて掲載した作品である。昭和二十一年、周五郎四十三歳、前年五月には妻きよいを膵臓癌で喪い、長男はその直前に空襲で行方不明となっている。亡妻の為に本棚を壊して棺を作り、知人らとリヤカーを押して桐ケ谷の火葬場へ運び荼毘に付したことはよく知られている。人生に於いて最も辛く、困難な時を体験して、周五郎は『柳橋物語』のヒロインおせんの人生を書き始めている。

山本周五郎が世に知られるようになったのは昭和十七年五月の「松の花」以来、昭和二十一年一月まで「婦人倶楽部」を主要掲載誌として発表した合計三十一話からなる『日本婦道記』であった。戦争が激化していく中で、江戸時代の様々な状況下を舞台にして、それぞれの場で懸命に生きる女性の姿に焦点を当てて連載された『日本婦道記』は婦人だけでなく、広く老若男女に受け入れられ、精神的な支えや慰めを与える書として愛読された。昭和十八年上期の直木賞に選ばれ、周五郎が辞退したことは有名であるが、『日本婦道記』以後、周五郎作品は庶民の思いや願いを反映した作品として多くの読者を獲得していくことになった。当時の評価としては直木賞選考委員の井伏鱒二が「厳然たる婦道を鼓吹する意欲が現れている」と述べたように、戦時下にあって日本の女性の道を示すといった教訓性が評価された面があったが、周五郎は「私の好きな女性を」描いて「いつしよに悲しみや悦びを味はつた」と述べているように、まさに登場人物の一人一人に寄り添って、ひとりの人生のかけがえのなさを浮き彫りにすることに全力を傾けた作品であった。そしてそうした人間凝視とそこに生きた人間像を描き、真の人間の価値と美しさを描くことが周五郎の以後の文芸を形成していくことになる、その原点を『日本婦道記』の各作品が獲得していったということができるのである。

『柳橋物語』は元禄十五（一七〇二）年、その年の十二月、赤穂浪士たちが主君の仇を討つために討ち入りを決行して江戸中を騒がす出来事が起こった少し前の秋のある夕方、浅草下町で小さな研ぎ屋を営む家庭の日常の一コマから書き始められている。書き出しは「青みを帯びた皮の、まだ玉虫色に光っている、活きのいいみごとな秋鯵だった」からである。つつましい家庭の幸せが光彩を放つ見事な書き出しであるが、その幸福な家族の名は源六とおせんという。おせんの父母は茅町の大工の棟梁杉田屋の隣りに髪結い床を開いていたが、おせんが九つの年に母が、十二の年に父が亡くなると源六はおせんを連れて中通りの住居に移った。杉田屋には、子飼いの職人幸太と庄吉がいた。共に腕も人柄も良く、後継ぎのいない杉田屋では二人の中から養子を選んであとを継がせようとしていた。作品はその庄吉が源六に道具を研がせ上方に旅立つことを告げるところからドラマが展開する。庄吉はその時おせんを柳河岸に呼び出し、おそくとも五年待っていてくれ、棟梁の株を買うだけの力をつけ

て戻ってくるからと言う。突然愛を告げられたおせんを作品は、

「待っているわ」おせんはからだじゅうが火のように熱くなった。そして殆んど自分ではなにを云うのかわからずにこう答えた、「……ええ待っているわ、庄さん」

と記す。その時おせんは十七歳、人生で初めて愛を告白された女性の心情が見事に描かれた場面である。

作品はその後、源六が卒中で倒れ、半身不随で臥せっている時、地震が起こり、その影響で火事が発生した。火事は下谷一円から柳橋まで焼きつくすほど広がっていった。おせんは動けない源六を抱え困惑する中、駆けつけた幸太に助けられて逃げるが、途中で置きざりにされている赤子を拾ってしまう。源六は命尽き、満潮の神田川の落ち口で猛火に襲われる中でおせんと赤子を助けようとして幸太は水に呑まれてしまう。おせんと赤子は生き残ったが、おせんはあまりに過酷な出来事の中、記憶を喪失し、煎餅屋勘十夫婦に保護されるものの、精神の虚脱状態をくり返す。赤ん坊は、おせんがうわ言でくり返した「幸さん」をもとに勘十夫婦によって幸太郎と付けられた。火事の後には水害が追い打ちをかける。困難が続く中でおせんは次第に回復し、赤子を育てながらひたすら庄吉の帰りを待つ日々を過ごす。

やがて上方から庄吉が戻ってくる。彼はおせんが「地震と火事のあとで水害、困っているだろうと

思って帰って来た」と言う。しかし、幸太郎と暮らすおせんのことを知らされて、一気に不信感を募らせ、おせんに対して「おれの帰るのを待っているって、おれはそれを信じていたぜ、お前の云うことだけは信じられると思って、それこそ冷飯に香こで寝る眼も惜しんで稼いでいたんだぜ」と言い、「あの子は火事の晩に拾ったのよ」「庄さん、あたし約束どおり、待ってたのよ」と訴えるおせんに、「それが本当なら、子供を捨ててみな」と迫った。いったんは赤子を捨てようとしたがどうしても捨てることができなかったおせんのもとを庄吉は去り、江戸で新しく付いた棟梁の娘と結婚した。これを知ったおせんは再び精神の錯乱を来たすが、その中で彼女は、自分を助けようとして死んだ幸太が最後に「おせんちゃん、おらぁ辛かった、おらぁ苦しかった、本当におらぁ苦しかったぜ。」と訴えた声を次第にはっきりと聴くようになり、幸太の真実の愛に気づくのである。その後、真相を知った庄吉が詫びを言いに来るが、彼女は「いつか貴方の言ったとおりよ。あたし幸さんとわけがあったの、あの子は幸さんとあたしのあいだに出来た子だわ」「それが幸さんの位牌です」と告げるのである。

この作品は幸太との養子縁組の競争に敗れた庄吉がおせんに一方的に愛を告げて上方へ去ったことを否定し、命を懸けておせんを守った幸太の愛を称賛するために描いた物語ではない。周五郎の作品は安易に人を描き分けないところに魅力があると言ってもよい。ここでも、庄吉も幸太も彼等の判断が及ぶ中で懸命に考え行動してきた人物として描いている。しかし私達は往々にして、緊迫した状況になればなるほど自己中心的になってしまうのである。庄吉も幸太もそのことから逃れられていない。上方へ旅立つ直前に告げた庄吉の愛も、それを受け止めたおせんの決断も、死の間際に苦しかった胸の内を告げた幸太の告白も、それぞれがその時の〈真の心〉から出たものであることは間違いない。

しかし私達はその時に懸命であればあるほど、〈真実〉なものが見えなくなったり、そのことに耳をふさいでしまうことをしばしばやってしまうことも避けることができない。作品は、その意味でも安易な描き分けではなく、若者が過酷な試練に翻弄される時間を丁寧に描きながら、おせんが出会う〈真実の愛〉に収斂させていっている。水谷昭夫氏はこの作品の主題に触れて、過酷な現実に対して「一つ一つの「苦労」を、せい一杯に耐えて生きる。その生き方が」庶民の「希望の源泉」となっていると述べ（『山本周五郎の世界』一九九八年六月、新教出版社）、最近刊行されている新潮社『山本周五郎長篇小説全集』第五巻（二〇一三年九月）の解説で川島秀一氏は「いつか〈本当のこと〉は明らかになる。真実は、耐えて待つことによって明らかになる。」と述べている。価値観が錯綜する現代において、私達は結果を求めることに性急になりがちである。そうした中で耐えて待つことで〈真実〉は必ず見えてくるという確信をおせんを通して伝える本書を現代の青年達にもぜひ薦めたいものである。

三島由紀夫『潮騒』
初枝と新治の至純な愛の世界——「海」への憧憬とユートピア

『潮騒』は昭和二十九（一九五四）年六月に新潮社より書き下ろしで刊行された。その執筆の動機について三島は「『潮騒』執筆のころ」（「潮」昭和四十年七月）において、

一九五二年のギリシアの旅で、ギリシア熱が最高に達した私が、ギリシアの小説「ダフニスとクロエ」を底本にした小説の執筆を考へ、原作の主人公の牧人を漁夫に代へ、年増女の件りや海賊の件りをカットしたほか、ほとんど原作どほりのプロットを作つた（略）

と述べている。古代ギリシアのロンゴス作の物語「ダフニスとクロエ」は牧歌的な雰囲気のなかで展開される少年少女の愛の物語で、三島はギリシアへの共感の思いをこの「ダフニスとクロエ」に見出し、この物語のロマンティシズムを描くために、主人公の牧人を漁夫に代えて、「文明から隔絶した人情の素朴な美しい小島」（「『潮騒』のこと」昭和三十一年九月、「婦人公論」）を舞台にこの作品を書き上げた。作中の歌島は、伊勢湾に浮ぶ神島という小島で、映画化されたときにはこの神島を舞台

にして撮影され、三島もロケ地に随行している。その際にも三島はこの島を「少くとも神島は、ロケ隊の津波ぐらゐでは、その素朴な天性がびくともしてゐない有様を、私は見たのであつた」（「『潮騒』ロケ随行記」昭和二十九年十一月、「婦人公論」）と賞賛している。

三島はギリシアから帰国直後に書いた『アポロの杯』（昭和二十七年十月）のなかで、「希臘人は外面を信じた。それは偉大な思想である。（略）希臘人の考へた内面は、いつも外面と左右相称を保つてゐた。」と述べている。内面の精神より外面を信じたギリシア人への共感をベースに、その日本版として久保新治と初江を主人公として描いた『潮騒』は現代にはまれな清純な行動によって貫かれた純愛小説に仕上がっているといえる。

その新治と初江を中心にした物語はこのように展開する。

歌島の中学を出て漁師になった久保新治は、戦争で父を亡くし、海女の母と中学生の弟との家計を支えている。ある早春の夕暮、浜で見知らぬ少女を見かけ、好奇心を抱く。翌朝漁労長から、少女が島で屈指の金持ち宮田照吉の末娘で初江といい、最近島に呼び戻されたことを知る。四、五日して道に迷って泣いている初江に出会い、二人は急速に惹かれ合うようになる。二人が観的哨跡で密会をする場面は印象的である。密会の日は大雨で、先に着いた新治は焚き火の暖かさで眠ってしまい、後から着いた初江が新治が起きる前に衣服を乾かそうとして裸になっているところに新治が目覚めた。羞恥心から初江は新治にも裸になる事を求め、裸の二人は抱き合う。しかし、純粋に道徳的な二人は結婚までは清らかでいることを誓い、衝動を抑制する。帰る二人を目撃した灯台長の娘千代子が、初江の婿になると吹聴している青年団の支部長川本安夫に知らせる。安夫は二人の仲を裂こうとし、悪い噂も流す。照吉は激怒して、初江に新治と会うことを厳禁する。夏の終りのある日、新治は安夫と共に照吉の船歌島丸へ甲板見習いとして乗り組む誘いを受ける。船は沖縄への航海に出るが、港で台風に合い、船を繋いだロープが切れそうになる。新治は荒れ狂う海に飛び込み、船を浮標に繋ぐことに成功する。この英雄的行為は船長を通じて照吉にも伝えられる。実は、この航海で新治と安夫を試そうという思惑があったので、この新治の行動を「男は気力や」「新治は気力を持っとるのや」と賞賛する照吉は初江との結婚を認めた。婚約報告に神社に詣でた最後の場面で、初江が「自分の写真が新治を守ったと考えた」時、新治は「あの冒険を切り抜けたのが自分の力であることを知っていた」と思わせたところに三島の初期作品の特徴であるナルシシズムとロマンチシズムが明快に表現されているといえよう。

二人が愛を確認した観的哨の場面では、先に裸を見られることになった初江が新治に「汝も裸になれ。そしたら恥かしくなくなるだろ」と言い、裸になった新治に「その火を飛び越して来い。」と命じる。そこで二人は抱き合い互いの肉体を確認しあうが、道徳への敬虔さがそれ以上は進ませない。しかし、初江は「私、あんたの嫁さんになることに決めたもの。」と宣言するのである。そして作品の結末では、照吉に「男は気力や」と言わせ、新治には「あの冒険を切り抜けたのが自分の力である」と思わせる。そのように二人の愛は「内面の精神より外面」の姿と行動を通して確実なものとなっていくように描かれている。

三島はギリシアのデルフィの美術館で見た「青銅の馭者像」に対して「この像がかくまで私を感動させるのは、物事の事実を見つめる目と、完全な様式との稀な一致が見られるからにちがひない。（略）そこでは様式が真実と見事に歩調をあはせ、えもいはれぬ明朗な調和が全身にゆきわたつてゐる。」（『アポロの杯』昭和二十七年十月）といっている。観的哨の焚火の横で見つめあう二人の姿は、混じりけのない純粋な愛を所有した厳粛さを感じさせる。そして作品はこのときの至純な二人の愛を、歌島の自然と実直な登場人物たちの素朴な言動によって見事に確実なものに仕上げている。その場面の真実が「青銅の馭者像」に感動した心情と重なっているといってよいだろう。

三島は「『鏡子の家』―わたしの好きなわたしの小説」（昭和四十二年一月三日、「毎日新聞」）で「〝戦後は終はつた〟といはれた時期と、私の二十代の終はりとは、ほぼ時を同じくしてゐた。」と述べている。三島の二十代の終わりは昭和二十九年にあたるので、彼の認識は戦後は昭和二十九年で終わったということでもあろう。『潮騒』はまさに三島が、戦後の混沌の中からリアリズムへ転換していく過渡期にあると認識する時に書かれた作品であるということになるが、そのリアリズムへの価値観として「外面」に具象化された美を肯定しつつ、人間の普遍の真実の愛の美を描いた作品であるということが出来るのである。

昭和三十一（一九五六）年の『金閣寺』で、主人公溝口が金閣寺放火の決行を故郷に近い「海」に問いに行く場面がある。結局「海」に拒まれて行為者となった溝口は金閣寺炎上を決行するのであるが、三島にとって「海」は屡々作品に登場する。初期の作品『岬にての物語』（昭和二十一年十一月、

「群像」）では「山とちがって海から私は永く惹かれて求めえなかったものの源を、見出だしたように感じた。（略）海をたゞ眺めあかす毎日は無上の幸せと思われた。」と書いている。ここで描かれているように三島にとって「海」は憧憬と恐れの対象でありロマンチシズムを象徴するものであったといえる。戦後は終ったという認識の中で書かれた『金閣寺』はその「海」に拒まれて行為者となる主人公を通して、まさにロマンチシズムからリアリズムへの転換を示しているともいえる。

『潮騒』で印象的なのは、新治の母千代子を「彼女もまた、息子と同じように、ものを考える時には海に相談にゆくのである」と描いた箇所であろう。新治と初江、そして周りの登場人物たちが海への信頼と恐れ、そして一体感の中で、この作品の至純の美はゆるぎない輝きを獲得している。まさに「海」への憧憬として示される三島のロマンチシズムに対する無限の憧憬が、リアリズムの価値観を枠にして結実した作品であるといえる。

牧歌性と通俗性によって、三島文学の中では特異な光彩を放つ『潮騒』はまた、現代の即物的価値観と合理性が優先される時代にあって、若者の心奥に、いかなる時代にあっても決して見失ってはいけない至純の美の美しさを伝えてくれる作品である。

司馬遼太郎『竜馬がゆく』
世界の中の日本をまなざす竜馬の〈真実〉

司馬遼太郎は小学六年生の教科書のために書き下ろした『二十一世紀に生きる君たちへ』（大阪書籍「小学国語　6下」平成元年）の中で「私が持っていなくて、君たちだけが持っている大きなものがある。未来というものである。」「君たち。君たちはつねに晴れ上がった空のように、たかだかとした心を持たねばならない。同時に、ずっしりとたくましい足どりで、大地をふみしめつつ歩かねばならない。」と書いている。この言葉が示すように、司馬の文学の主眼の一つに日本の未来を担っていく青少年たちに自覚を促し鼓舞していこうとする強い意志が働いている。その代表作品として『竜馬がゆく』をとらえることが出来る。

『竜馬がゆく』は昭和三十七（一九六二）年六月から四十一（一九六六）年五月まで産経新聞の夕刊に連載された。この間、昭和三十九年には東海道新幹線が開通し、東京オリンピックが開催されている。四十年は日本の大学生が始めて百万人を突破した年でもある。当時の日本を「いざなぎ景気」という言葉で称されることもあるが、まさに日本は青春時代の只中にあったとも言えよう。そして司馬はまさにその日本の青春時代に最もふさわしい人物として坂本竜馬像を描いたとも言えるのである。

司馬は『竜馬がゆく』の執筆にあたって次のように述べている。

ここ数百年来の日本人のなかで、私がもっとも好きな坂本竜馬という人物を、読者にも知ってもらいたくて書いた。書きながら、男の魅力について考えた。この魅力は、時に日本史を動かす。私は、土佐の桂浜に立つ竜馬の銅像を見上げながら、君のことを書くよ。と、ひそかに話しかけた。彼は、太平洋の風のなかで、黙然と眼をそばめた。その銅像の下で、私も、この男が、日本人のなかでもっとも好きだ。と言った若いアメリカの歴史学者と、中国人の女流政治家のことを、同行のひとから聞いた。竜馬にはなにか、そういうものがあるらしい。(『竜馬がゆく 立志篇』)

あるいは、「私はこの作品で青年をかいている。幕末に生きた一人の青年の魅力が歴史をどう変えたかを、書いている。」(『竜馬がゆく 風雲篇』)とも述べている。「男の魅力」であり「青年の魅力」でありを最も強く感じているのは作者自身であるが、この歴史上魅力溢れたかけがえの無い人物のその再現を目的としたのではなく、昭和三十年代後半の日本が世界に向けて大きく飛躍していこうとしているその「時」にあって、その時代の担い手となるべき壮年や青年の読者に対して、竜馬の人間としてのスケールの大きさと、歴史の上で日本の行方を左右する大きなことを成し得た人間の「真実」の姿を実感して、ぜひ君たちに次代の日本の担い手になって欲しいという強い願いによって坂本竜馬の物語が書かれたであろうことを推測できよう。

作品は嘉永六（一八五三）年ペリーが浦賀に来航した時から始まる。二百五十年間続いた徳川政権に歪みが生じてきた頃のこのペリーの来航は、まさに未曾有の出来事であった。この年十九歳の竜馬は上京して千葉道場で剣術の修行を始めた直後であった。その彼も土佐藩に招集され品川の海岸警護に駆り出されたが、彼はその時、黒船について次のように述べている。

「その前に、黒船というやつに乗って動かしてみたい。ペリーというアメリカの豪傑がうらやましいよ。たった四隻の軍艦をひきいて、日本中をふるえあがらせているんだからなあ」（「黒船来」）

黒船騒ぎで幕府中が右往左往している中で竜馬の認識は違っていた。そこに竜馬の視野と人間像が垣間見れる。黒船騒ぎの後彼は、

「もうええ。わしァ、薩州も長州も土州も煙のごとく消えてしまうニッポンを考えちょるんじゃ」

（略）

「おらァ、ニッポンという国をつくるつもりでいる。頼朝や秀吉や家康が、天下の英雄豪傑を屈服させて国に似たものを作った。が、国に似たものであって、国ではない。源家、豊臣家、徳川家を作っただけじゃ。ニッポンはいまだかつて、国がなかった」（「嵐の前」）

司馬遼太郎の『竜馬がゆく』の魅力はこの竜馬の世界認識からスタートしているところにある。しかしその魅力は竜馬のスケールの大きさだけに直結するものではない。その一つとして司馬が竜馬の豊かな計画性に注目している点があげられよう。例えば竜馬が抱いていた野望が倒幕そのものにあるのではなく、むしろ彼の夢は、倒幕後は世界に飛び出して海運と貿易をおこし五大州を舞台に仕事をすることであった。司馬はそのことを強調した竜馬像を描いているが、具体的には竜馬が作成した大政奉還後の「新政府役人表」を見た西郷隆盛が「この表を拝見すると、当然土州から出る尊兄の名が見あたらんが」と尋ねたとき、「窮屈な役人」にはなりたくない「世界の海援隊」になると答えているところであろう（「近江路」）。坂本龍馬が大政奉還という大事業を実現したことで高く評価されているのは言うまでもないところであるが、司馬の描く竜馬はそこにとどまるのではなく、更にその次の時代を視野にした壮大な夢を抱いている面により焦点を当てて描かれている点に魅力がある。

司馬は『竜馬がゆく』を書くのに関係資料三千冊を調べたと言っている。そして井上ひさし氏によると、彼は「私は資料を読んで読み尽くして、その後に一滴、二滴出る透明な滴を書く」（「プレジデント」一九九七年三月号臨時増刊）のが自分の作品だとも言っている。歴史上に生きた坂本竜馬像を正確に踏まえながら、しかし歴史の「事実」ではなく「真実」へ深く目を注ぎながら竜馬像は書き進められていったことを見逃してはいけない。その「真実」を見据える視点で描かれている肝心が竜馬の人間像である。司馬はこの作品で竜馬を描く視点として、竜馬に「天がおれを、この地上の紛糾をおさめるために降した」「おれがいなければ日本が潰れらァ」（「碧い海」）と豪語させている。海を愛し、海の側から即ち世界の中での日本を見据えつつ、国家改変の難事業をやりとげた人間のスケールの大きさを、天意を受けたスーパースターとして描く一方、作中の竜馬は涙もろい人間としても描かれている。特に大政奉還の号令を徳川慶喜が下したという報を読んだ時、竜馬が顔を伏せて泣いている場面である。しかも竜馬が泣いているのは「大樹公（将軍）、今日の心中さこそと察し奉る。よくも断じ給へるものかな」（「草雲雀」）というように慶喜の心中を察して感激したためであった。スーパースターの面とこの人間味溢れる姿が巧みに織り交ぜられている。

司馬は歴史小説を書く手法として「鳥瞰の手法」を用いている。この手法は様々な資料を駆使して一人の人間の人物と人生を上下左右、過去現在様々な角度から眺めることで、その人間の真を浮出させる方法でもある。『竜馬がゆく』の竜馬像はまさにこの方法によって一人の人間の「真実」がリアルに描き出されている。

竜馬が殺されたのは慶応三（一八六七）年三十三歳の時であった。江戸から明治へ時代が大きく転換した時に竜馬が果たした偉業は計り知れない。その大事業をなした人物を、その人間の「真実」に焦点を当てて描いたこの作品を多くの者が若き日に是非とも読んで欲しいと願っている。

三浦綾子『ひつじが丘』
愛することとゆるすことの難しさに立ちどまるストレイシープたち

三浦綾子が朝日新聞社大阪本社創刊八十五周年、東京本社創刊七十五周年を記念して行った一千万円懸賞小説に『氷点』を応募し入選したのが昭和三十九（一九六四）年である。応募総数七三一編、プロの作家も混じった応募者の中から旭川の雑貨店の主婦三浦綾子が入選したことは当時のビッグニュースであった。十二月より朝日新聞で連載が開始され、連載終了の翌年にはテレビドラマ化され、映画化もされた。空前の『氷点』ブームを呼んだわけだが、『氷点』の主題は主人公辻口陽子を中心にした人間の原罪への問いかけであった。

妻の不注意から愛娘を死なせた辻口啓造が、妻への復讐の気持ちから愛娘を殺害した犯人の子供を養女として引き取った。「わたしは陽子を愛するために、引きとったのではないのだ。佐石の子とも知らずに育てる夏枝の姿をみたかったのだ」、この啓造の思いは、その後「この子を愛することを、人間としての一生の課題にしたはずだった」という思いに変わっていくが、一方で陽子を心底愛せない自分に気づき葛藤を続けることになる。啓造の謀を知った夏枝、夏枝から事実を知らされた陽子、登場人物たちは偶然の事件と、それに対する啓造の行為がもたらした人間のエゴイズムとエゴイズムが導く罪の前に逡巡する。

『氷点』は人間の「原罪」を問うた作品だと評されている。三浦綾子は「原罪」とは人間が等しく持っている「罪の可能性」だと書いている。『氷点』ブームは単に陽子の哀しい運命に同情したからではない。読者、視聴者の一人一人が、場合によっては誰もが罪を犯す側に立ってこの登場人物たちと同じ苦しみを味わうかもしれないという共感性によってブームがもたらされたのだと考えてよい。

その陽子が「今、『ゆるし』がほしいのです。（略）私の血の中を流れる罪を、ハッキリと『ゆるす』と言ってくれる権威あるものがほしいのです。」と言うところがある。この「罪」と「ゆるし」をテーマにして書かれたのが、『氷点』の翌年の昭和四十年に「主婦の友」に連載された『ひつじが丘』である。

『ひつじが丘』の舞台は昭和二十四年、戦後の復興の兆しが見え始めた時期の北海道の女子高等学校から始まる。牧師の娘で三年生になって転校してきた広野奈緒実、転校して間もなくから、授業中にノートもとらず窓の外ばかり眺めている彼女は教師から注意されるが、逆にユニークな生徒としてクラスメートから注目されるようになる。その彼女が、級友杉原京子の兄良一と親しくなり、万事に積極的で、奈緒実を賛美する愛の表現に巧みな良一に急速に惹かれていき、短期大学に進学したある時から、函館で同棲生活をするようになる。一方、奈緒実の高校の担任竹山哲哉は、彼女に生活態度を改めて、普通の高校生活を送らせようと、手紙で忠告したり、家を訪問したりして懸命に働きかける。奈緒実は良一と竹山という大学時代から友人である二人に前後して愛されるようになるのだが、竹山の奈緒実に対する思いに気づくゆとりもなく、両親の心配にも耳を傾けることもできず、一途に良一を愛し、その愛の選択を疑わない奈緒実は、風邪をひいて寝込む良一を見舞い、良一の求めるまま肉体関係を持ち同棲していった。水谷昭夫氏はこの奈緒実の判断と行動を、戦後日本の自由を自覚した若者たちが「自尊心」から「心をかたむけて行く相手を誤認」し、「愛を見あやま」っていくパターンだと指摘している（講談社文庫『ひつじが丘』解説）。甘い同棲生活は長くは続かず、奈緒実は徐々に良一の弱さ、ふしだらさに気づいていき、ついに彼女の同級生川井輝子との関係を知ることになり、家を飛び出し実家に戻った。

父耕介と母愛子は傷ついて戻った奈緒実を優しく受け入れ、耕介はこのように言う。

・「人一人ぐらい愛し通せるって、奈緒実は言ったね。愛するとはゆるすことだって、おとうさんは言ったはずだ。忘れたのかね」

・「奈緒実。人間は過ちを犯さずに生きていけない存在なんだよ。神ではないのだからね。同じ屋根の下に暮すということは、ゆるし合って生きてゆくということなんだ」

・「奈緒実、お前自身、幾度も幾度も人にゆるしてもらわなければならない存在なんだよ」

「愛するとはゆるすこと」であり、私たちは「幾度も幾度も人にゆるしてもらわなければならない存在」だと諭す耕介の言葉は、良一のもとから逃げ帰った当初の奈緒実には呑み込めない。伊藤整は「近代日本における『愛』の虚偽」（「思想」一九五八年七月号、岩波書店）の中で、近代の日本人にとっては、往々にして「男女の愛は、恋である。それを愛に同化したいという祈りの念を我々は持っていない。」と言い、「恋」が「愛」と違うのは「主我的」なところである、とのべている。颯爽とした好青年良一を一途に慕った奈緒実の愛こそ、伊藤整の言う「主我的」な「恋」であり、自己の都合や覚醒で見失っていくものだといってもよい。

耕介はかつて恋の道を誤って妻を裏切ったことがある。その時、妻は苦しみながら耕介を許し受け入れてくれた。その体験が耕介には今も忘れられない。その体験を心に留めながら奈緒実を諭すのである。耕介は礼拝説教で「人間はまことに過失を犯さなければ生きていけない存在である故に、われわれは、ただ神と人とにゆるしていただかなければ、生きていけない者なのであります。」と言うが、「ハッキリと『ゆるす』と言ってくれる権威あるものがほしいのです。」と『氷点』で陽子が言った「権威あるもの」とここで一つになる。

札幌に帰った奈緒実に許しを請いに来た良一は喀血して倒れてしまう。耕介夫婦は一人娘の奈緒実を裏切り悲しませた良一をも受け入れ手厚い看病を施す。次第に平安を取り戻した良一は、奈緒実にも知らせずに一枚の油絵を描き続ける。絵が描きあがる頃、川井輝子からの呼び出しを受け、ハッキリと別れを伝えるべく出かけたが、孤独と不安の中で必死に引き止める輝子の用いた睡眠薬で良一は不帰の人となる。輝子のところから戻ったらプレゼントすると言い残した良一の油絵は血の滴る十字架上のイエスの像であった。良一も懸命に許しを求めていたのであった。

「愛するとはゆるすこと」であるとは頭では理解できる。しかし近代に生きる者にとって、常に「主我的」になることは避けられない。奈緒実を愛したもう一人の男性竹山は、杉原京子との結婚を決め、しかも良一と奈緒実の関係を知りながら、一方的に愛を告白して、奈緒実を困惑させる。彼もまた、自ら自覚した愛に「主我的」になってしまい、相手の輪郭を鮮明に受け止めていない。奈緒実、良一、竹山、そして川井輝子、杉原京子、登場する青年たちは等しく愛することは「主我的」になるというイメージから払拭されていない。だから、自分にとって受け入れがたい出来事が生じると相手を許すことが出来なくなる。その根本の問題に直面して三浦綾子は、それは私たち自身が真に許されるという経験が不足しているからだと言っていると言えよう。ただし人が真に許されるとは、私たちが現実に起こした過ちに対してなされるような皮相的な許しを指していないことは言うまでもない。私たちがこの私たちの存在としてのありのままを受け止め、私たちの存在を許し、愛し続けてくれているという実感に対する信頼、これこそが『氷点』の陽子が言う「権威あるもの」の許しであり、私たちがそのことの重さを理解して、いかなるときにもぶれないで、許し続けることの重さとそのことによってこそ得られる真実の愛のかけがえのなさを教えた作品として、『ひつじが丘』が老若男女必読の書であることは間違いない。

遠藤周作『沈黙』
日本的精神風土への愛の試み——弱者と母性の論理

遠藤周作が『沈黙』で谷崎潤一郎賞を受賞したのは昭和六十二（一九八七）年。すでに『白い人』（一九五五年）で芥川賞を受賞し、第三の新人の旗手として華々しい活動を展開していた遠藤がそのテーマの独自性と文壇での不動の地位を獲得したのがこの『沈黙』であった。主人公ロドリゴが「踏絵」に足をかけたときに踏絵の中のイエスに「踏むがいい。お前の足の痛さをこの私が一番よく知っている」と語らせたこの作品は、文学的話題だけでなく、カトリック教会では神の神格を侵すものとして、信者に読書を禁じたことは有名である。しかし、さまざまな話題を提供しつつこの作品は実に多くの読者に読まれ、世界的なベストセラーとして知れ渡ることともなった。と同時に、作品の評価をめぐってもさまざまに議論がなされ、今日でもまだ新しい読みが提供されてもいるほどである。近年の最も注目された読みは、笠井秋生氏が指摘した、神が沈黙を破ってロドリゴに語りかける場面は、ロドリゴの信仰においてそのように聞こえたのであって、ロドリゴにとっての「同伴者イエスの像が踏絵のイエスの顔に託して語られている」のであり、それはけっして安易に沈黙を破って衆生にむかって語ったのではないという読み方である（「国文学　解釈と鑑賞」二〇〇九年四月、至文堂）。

それは作品末においてロドリゴが到達した「私の今日までの人生があの人について語っていた」という言葉と呼応して重要な見方であると考えられてきている。

ロドリゴに踏絵を踏ませたのは、フェレイラが示唆した愛の行為の実践としての決断であった。敬虔な宣教師として厳格に神学を学んできたロドリゴは神学校での恩師フェレイラの棄教が信じられず、その真相を確かめることと困難な日本への布教の理想に燃えて日本潜入を試みた。厳しい取締りの中であえなく捕えられたあとも、自らの信仰を疑うことはなく、毅然として取調べに抗してきた。しかし彼の中では、マカオで知った日本人のキリスト教棄教者キチジローの「俺のごと生れつき根性の弱か者」は踏絵を踏まずにはおれない、「殉教さえできぬ」という訴えや、農民たちがどんなに拷問に苦しめられていても何も助けの手を差し伸べない神に対して「あなたはなぜ黙っているのです」という問いかけすら意識されるようになっていく。その中で、フェレイラの「今まで誰もしなかった一番辛い愛の行為をするのだ」という言葉に促されて踏絵を踏む行為を決断することになるのである。最も弱い者に対し、自己のすべてを捨てた愛の行為、そのロドリゴの行為を神が優しく包み込み祝福する、これが『沈黙』のクライマックスであり、遠藤がこの作品を通して示したテーマである。

遠藤は十歳のとき、両親が離婚することになって母と兄とで満州大連から引き上げ、神戸の六甲に住んだ。母が離婚の苦しさから解放されるために通いだした夙川カトリック教会へ遠藤も兄と一緒に行くようになり、一九三五年に十二歳で洗礼を受けた。当時の心境を「正直に言って、教会の話はおもしろくなく、居眠りばかりしていましたよ。一緒に話を聞いている子供組の連中がみんな洗礼を受けることになり、それにつられて受けます、と言ってしまいました」(『私にとって神とは』)と述懐しているように、自ら求めたのではなくむしろ母親の導くままに洗礼を受けたということであった。したがってはじめはイヤイヤ教会通いをしていた遠藤だったが、やがて

母親が一所懸命だったものをむげに棄てるというのは、母親に対して申しわけないという気分が、どこかにあったのです。母から与えられたものを棄てるのは親不孝になるという感じなのです。(略)考えもしないで棄てるのは、母親に対して申しわけないという感じが心の中にあって、自分でも一所懸命にならねばという考えがどこかにありました。それで母親がくれたこの洋服を、おれの身体に合った和服に仕立て直してみようと考えるようになったのです。(『私にとって神とは』)

という気持ちになって、熱心にキリスト教を学ぶようになり、そこから「洋服から和服へ」、すなわち西洋のキリスト教を日本人の精神風土において受け入れるにはどのような理解の仕方をすればよいかを文学テーマとして小説を書きだす。それが『白い人』以来の遠藤文学の世界であり、その集約されたものとして『沈黙』が書かれたのである。

そのような遠藤のキリスト教に対する経緯があるので、『沈黙』はまさに、弱者の典型として描かれ、キリスト教が本物の信仰として根づいていない日本人キチジローを中心に展開する。舞台は一六三〇

年代後半、徳川幕府がキリスト教弾圧政策を徹底して行おうとしている時代である。かつて、キリスト教が保護されていた時代に村人とともに進んで洗礼を受けたキチジローは、弾圧が厳しくなり、キリシタンは処刑されるという施策が実施されるようになって、怖さから簡単に棄教して、村から逃亡した人物である。その彼が、ロドリゴに、

モキチは強か。俺らが植える強か苗のごと強か。だが、弱か苗はどげん肥しばやっても育ちも悪う実も結ばん。俺のごと生れつき根性の弱か者は、パードレ、この苗のごたるとです

と言って、弱者としての辛い心内を告げる。キリスト教が根づいていない日本においては、厳しい弾圧に対して、よほど強い精神を持っていない限りはキチジロー的弱者はたくさんいたに違いない。状況によっては作者遠藤とて同類であったはずである。だから、遠藤はそのキチジローに次の言葉を告げさせている。

じゃが、俺にゃあ俺の言い分があっと。踏絵ば踏んだ者には、踏んだ者の言い分があっと。踏絵をば俺が悦んで踏んだとでも思っとっとか。踏んだこの足は痛か。痛かよオ。

このキチジローの踏絵を踏んだ足の痛さを訴える恨み言が、ロドリゴが踏絵に足をかけたときイエス

が言った「お前の足の痛さをこの私が一番よく知っている。」に通じるのは言うまでもない。ここで遠藤は、弱者を救済するキリストの存在であり、人間が最もつらいときに遭遇したときに母親のような慈愛のこもった手を差し伸べ、暖かい懐へ導いてくれる母性的キリストの姿をこの作品のクライマックスで書き込んだということもできよう。

遠藤が母親への憧憬からキリスト教を考え直し、「和服」に仕立て直す試みを文学テーマにしたことは、彼の集大成である『深い河』（一九九三年）の主人公大津に次のように語らせたところにも通じる。

少年のときから、母を通してぼくがただひとつ信じることのできたのは、母のぬくもりでした。母の握ってくれた手のぬくもり、抱いてくれた時の体のぬくもり、愛のぬくもり、兄弟にくらべてたしかに愚直だったぼくを見捨てなかったぬくもり。

大津は更に、その母のぬくもりの源にあったキリストの愛を信じつづけたのだと語っている。遠藤はその母性的キリスト教受容の中に、日本人におけるキリスト教受容の可能性、すなわち「和服」に仕立て直したキリスト教の形を主張しようとしたと考えられる。そして、そこに遠藤文学に通底するテーマを確認することができるのである。

宮本輝『泥の河』〈お化け鯉〉が伝えるもの――かけがえのない命と人間の絆

宮本輝が文壇で注目されるようになったのは一九七七（昭和五十二）年に『泥の河』で第十三回太宰治賞を受賞し、一九七八（昭和五十三）年『螢川』で第七十八回芥川賞を受賞したことによる。三年後の一九八一（昭和五十六）年に『道頓堀川』を発表し、初期のこの三作品を「川三部作」として評価されている。宮本輝は一九四七（昭和二十二）年三月、兵庫県神戸市に生まれているが、父親四十八歳のときの子供で、彼はかなり可愛がられて育ったようで、『泥の河』をはじめとして父のことを見つめて書いた小説が多い。父は戦争から復員して、自動車の部品を扱う事業をしていたが、一九五六（昭和三十一）年には事業が失敗し家族で一時富山市に移っている。富山での生活は一年あまりであったが、尼崎市に移ってからも父の苦労は続き、一九六九（昭和四十四）年輝が二十二歳のとき父は莫大な借金を残して亡くなった。輝はかなり苦学しながら大学を卒業している。また、両親の仲もよくなかったようで、貧困、寂しさ、不安の中で思春期から大学生時代を過ごしてきたので、彼の小説には父と子の問題、貧困、父不在の不安と寂寥の中で生と向き合う登場人物たちに焦点を置いて描かれているものが多い。輝はそうした時代を振り返って小説家としての自分のテーマを述べた

『二十歳の火影』「宿命という名の物語」において「私は、なぜ人間は生まれながらに差がついているのかという命題に、深くかかわっていこうと思う」と述べている。また、『宮本輝全集』第一巻のあとがきで

川三部作を書き終えたとき、私は父のことを思い、さまざまな場所を巡らせ、さまざまな人間を見せてくれた父に、深く頭を垂れました。〝父母となり其の子となるも必ず宿習なり〟という日蓮の言葉を、心の中で何度つぶやいたか知れません。

と書いている。家庭の事情や環境、あるいはその人が持って生まれた宿命のようなもの、そうしたものに翻弄されながら、しかし苦学して大学を卒業し、懸命に生きてきた自己を重ねて、人間に定められた生を見詰め、そこに命の希望を問い続けているのが宮本文芸の世界であるという事ができよう。

その宮本文芸の方向を定めることになったのが最初の本格小説『泥の河』である。この作品は冒頭に、

堂島川と土佐堀川がひとつになり、安治川と名を変えて大阪湾の一角に注ぎ込んでいく。その川と川がまじわるところに三つの橋が架かっていた。昭和橋と端建蔵橋、それに船津橋である。

と書かれているように、現在の大阪市北区中之島の西の「大阪市中央卸売市場」があるあたりを舞台

にした一九五五（昭和三十）年頃の話として描かれている。

当時は次第に自動車が増えてきているが、まだ馬車を曳いて荷物を運ぶのを仕事にしている人も混在しているような、まさに日本が「戦後」のときから「成長期」へむかって転換しようとしている頃だった。

主人公信雄は八歳、宮本輝が中之島に住み曽根崎小学校に入学したのが一九五三（昭和二十八）年で、昭和三十年は主人公と同じ八歳、そして翌昭和三十一年には富山市に引っ越している。安藤始氏が『宿命と永遠―宮本輝の物語―』（二〇〇三年十一月、おうふう）の中で、

『泥の河』は、信雄の人々との出逢いと別離、そしてこの土地すなわち風景からの別れを、自分ではどうしようもないもの、つまり少年の茫漠とした致し方ない気持でもって描いた作品である。（略）これは作者の幼年期の気持そのものであったようである。

と書いている通り、作者の体験した少年時代の心情が強く反映された作品だと言える。

昭和三十年のころの日本は、戦争の傷跡と、そこから復興し成長期へ向かう時期との丁度転換期で、うまくいく人と、なかなか戦争の傷跡から抜け出せないで取り残されていく人が混在していた時期だった。例えば作品冒頭で、信雄にかき氷を半分くれた馬車引きの男が、店を出て馬車を動かしたとき「鉄屑を満載した」馬車の荷物が重すぎたために、船津橋の坂を登れずに、突然後戻りして、後

ろから押していたこの男を下敷きにしてしまい、あっけなく死んでしまう場面がある。信雄の父晋平は、「ほんまにあっちゅうまに死んでまうんやでェ」「なあ、のぶちゃん。一所懸命生きて来て、人間死ぬいうたら、ほんまにすかみたいな死に方するもんや」と信雄に語るように彼もまたまだ戦争の傷を引きずっている状態の中にいる。

一方、近くの川に浮かべた舟で生活する一家が描かれるが、その家の少年喜一と信雄が友達になる。喜一の住む舟は、「廓舟」と書かれているように、母が、男の人の客を取って細々と生活している家族だが、この家族も、戦後の復興期から取り残されている。それゆえに、晋平の一家とは心情的に通じるところがあって、他の人が疎んじているこの舟の姉弟を家に呼んだりして、親しく交わる。ただし、晋平が「「すか」みたいに死んでゆく人生に挑みかかろうと決意」（二瓶浩明『宮本輝宿命のカタルシス』一九九八年七月、ＥＤＩ学術選書）して新潟へ引っ越そうとするのに対して、喜一の母は「夫を喪くした後」「いつのまにやら、体動かして働くのんが、しんどうなってしもた」と無力感の中で生きていく状態が続いており、二つの家族は両極の姿として描かれている。

この二つの典型家族を通して、作品はいくつかのメッセージを示していると考えられる。

一つは、安藤氏が述べている「それは晋平が言うように、『しゃあない』ものであり、『どうしてやることもでけへん』ことであった。すべてはそうなるべくしてなったところの宿命であるというのである」という、「どうしてやることもでけへん」それぞれが背負わされた〈人間の宿命〉というものを描いている視点である。新潟で再チャレンジしようとする晋平を父に持つ信雄と取り残されたままの喜一の家族、宮本輝はこの人間の宿命を凝視しながら、もう一つのメッセージを描いている。それが作品の中の〈お化け鯉〉の存在である。

「お化けや。きっちゃん、お化け鯉や！」

信雄は必死に叫んだ。ズック靴が熔けたアスファルトにめり込んで、信雄は何度も転びそうになった。

「お化けや、お化けがうしろにいてるでェ」

どんなに信雄が叫んでも、喜一は顔を出さなかった。どんな思いで、舟の中でこの声を聞いていたかを想像すると、胸を締め付けられる終わり方である。そのお化け鯉は、出会った頃、喜一が「誰にも言うたらあかんで」と念を押して教えた二人の秘密で、二人だけの友情の印としてある。かたくなに顔を出さなかった喜一は、子供ながらに宿命と向き合い、友との決別を懸命に覚悟しようとする姿の象徴という事ができる。

そして、もう一つは、作中、

実際、鯉は信雄の身の丈ほどもあった。鱗の一枚一枚が淡い紅色の線でふちどられ、丸く太った体の底から、何やら妖しい光を放っているようだった。

とあるように、「妖しい光を放」つお化け鯉は、安治川の底に沈む、様々なものの、「死」から再生に向けての「いのちの輝き」の象徴としても描かれているといえよう。人が安閑として生きるのではなく、私たちが避けて通れない死を実感し、その死の対極としてある生を認識し受け止めることで、よりリアリティをもって生きることができる、宮本輝のこの生に対する願いを深くとどめた本作品を、柔軟な心を持った青年たちにぜひ薦めたい。

よしもとばなな『キッチン』
「家族の喪失」からの回復——桜井みかげの向日性

よしもとばななが『キッチン』で「海燕」新人賞を取って一躍注目されるようになったのは昭和六十二（一九八七）年、すでに三十年が経過した。『キッチン』以降、いわゆる〝ばなな現象〟と称されるほどばななを追随したかの女性作家が続出し、それとともによしもとばななな作品の人気も上昇し、若者の中に旋風を巻き起こした。なぜ、それほどにばななな作品が読まれるようになったのか、それは言うまでもなく、彷徨する若者像と呼応するからであろう。『キッチン』から十年、一九九七年柳美里が『家族シネマ』を書いて芥川賞を受賞した。『家族シネマ』が書かれて流行語としてのきっかけを作ったのが「乖離家族」という言葉である。家族であっても意思疎通が困難な現象は、今日このことを原因にして生じる様々な犯罪が目立つようになり印象を濃くしている。その「乖離家族」へ発展する前に登場したのが、ばななの「家族の喪失」であるといってもよい。

一九八〇年代後半の家族の喪失の現象を、関井光男氏はこのように解説している。

八〇年代後半に日本の核家族が（略）家族の絆を築くことなく崩壊したのは、日本の中産階級の家族の絆と理想が消費社会の欲望、自動車を所有して最新の電化製品、身分などを所有することに求めたことにある。（「國文学」二〇〇六年五月、學燈社）

関井氏の指摘は的を射ているが、ただしそれは八〇年代後半の特異な現象ではなく、六〇年代に入って急速に進展した高度成長期に「家族の絆」を後まわしにしてきた価値観のつけが蓄積されて八〇年代後半に噴出したといってよい。そして、残念ながら、ばななや柳美里、或いは村上春樹の努力があったにもかかわらず、今日も解決されないまま家族間での犯罪は後を絶たず、特に少年少女まで巻き込まれていくように深刻さすら増してきている。

よしもとばななは文壇デビューする前に、日本大学での卒業制作として『ムーンライト・シャドウ』を書いている。内容は、高校二年生の修学旅行の時から付き合いだした恋人が四年後に急死し、彼が死んだ後、暗い闇の空間に移動してしまったような感覚を抱き、その中で死ぬより辛い日々を過ごしている主人公が、すでに失ってしまったものは考えまいとする努力をしながら、あるとき夢の中からの使者のようなうららさんが登場したのをきっかけにしだいに癒されていく物語である。特に文庫版あとがきで「それでも生きてさえいれば人生はよどみなくすすんでいき、きっとそれはさほど悪いことではないに違いない。」とあるところがばなな文芸を端的に示しているように感じる。即ち、死ぬほど辛い体験だった恋人の死による喪失感、それでもそこから回復していく方向を示唆する向日性、これがばなな文芸に以後一貫して流れているといってもよいであろう。

喪失したことを痛恨し、憂えることはたやすい。しかし、憂えていただけでは解決にはならない。『ムーンライト・シャドウ』では主人公はまず、ジョギングをして、悲しみを押し出そうとする。簡単には解決しないが、自己を肯定してその自己にかなう方法で何か行動を始めようとする。この向日性におそらく、ばなな文芸が一気に若者の心をひきつけていった所以があるのではないかと考えられる。

欠損家族と喪失感、小川洋子氏はその喪失感の中で「家族ひとりひとり減って自分ひとりになる」というみかげの言葉を引用して「いったいこの人はどこまで暗い闇の中へ降りてゆくつもりなのだろう」と心配になったといい（「海燕」一九九四年二月、福武書店）、藤本由香里氏も「透徹した淋しさ」「徹底した孤独の感覚」を指摘している（「国文学　解釈と鑑賞」一九九一年五月、至文堂）。喪失感と絶望に最も近い場所にいるばなな文芸の主人公たち、しかし彼女たちはつねに向日性を失わないで最後のところで救いの希望を感じ取っている。読者の心奥の寂しさに呼応して、読者をも喪失による孤独と寂しさの中に引き込んでいく。しかし、同時に、ばなな文芸に引き込まれていくにしたがって読者は透明でピュアな心の寂しさを実感しつつ、最後に示される希望の可能性によって癒しと安心を与えられていく、これがばなな文芸の魅力であるといってもよいであろう。

『キッチン』は、幼い頃両親と死に別れ、今また祖母を喪って天涯孤独になった桜井みかげが、祖母の葬式以来知るようになった田辺雄一とえり子さんの家族と触れ合って癒されていく物語であるが、キーワードは「家族」と家族を象徴する「台所」だといえる。まず、みかげが祖母を喪って、「家族という、確かにあったものが年月の中でひとりひとり減ってい」く実感の中で深い孤独を感じた夜に、思いつきのようにして「しんと光る台所にふとんを敷い」て眠った。その夜の体験をみかげは「冷蔵庫のぶーんという音が、私を孤独な思考から守った」と語っている。そんなときに雄一が訪ねてきて、しばらく雄一の家に来ないかと誘う。雄一の家に行って母だと紹介されたえり子さんは、本名を雄司といい、妻がなくなった後「女」になって雄一を育てていたのだが、整形をして完全に女になっているえり子さんの姿にみかげは驚く。しかし三人の奇妙な生活が進んでいく中で実行力のあるえり子さんと雄一の家族によってみかげは安心と癒しを感じていく。田辺家での最初の夜、雄一の家の台所で眠ったみかげはこのような感想を告げている。

私は毛布にくるまって、今夜も台所のそばで眠ることがおかしくて笑った。しかし、孤独がなかった。（略）しばらくだけの間、忘れられる寝床だけを待ち望んでいたのかもしれない。（略）台所があり、植物がいて、同じ屋根の下には人がいて、静かで……ベストだった。ここは、ベストだ。

みかげにはかつて恋人がいた。宗太郎という青年で、彼の健全で明るい性格に憧れていた。しかし、天涯孤独になったみかげには宗太郎の明朗さより、田辺家の「妙な明るさ、安らぎ」のほうが必要に思えるのである。古橋信孝氏は『キッチン』の〈やさしさ〉を、「死を通して深いところで真実思いあえる関係」にあるものととらえている（『吉本ばななと俵万智』筑摩書房）。宗太郎の健全さよりも、田辺家の、相手やその時間を特別視しないさりげないやさしさに癒しを感じていくみかげがそのことを表しているといってよい。おそらく、みかげが感じる田辺家の妙な明るさは、雄一にとって母であり、えり子さんには妻である大切な人を喪った体験を心奥に抱いているからであろうと思われる。みかげもまた両親だけでなく最後の家族である祖母まで喪った、死と隣り合わせの喪失感と孤独感を、この田辺の家族と、台所の暖かさに癒されていくのである。深い喪失と孤独の中から癒されて、「負けはしない。力は抜かない。」と、希望を実感したところに到達している点にばなな文芸の特徴が示されている。

ばなな文芸は今も若者を中心に多くの読者に読まれている。それは『キッチン』の桜井みかげに代表される喪失感や孤独感を現代の若者の多くが共通して持っていて、その喪失と孤独がもたらす寂しさに対してそっと寄り添ってくれる癒しを求めているからだともいえる。そして、それを最も身近に与えてくれるのが家族である。「今、この実力派のお母さんと、あのやさしい目をした男の子と、私は同じ所にいる。それがすべてだ。」と語ったみかげの心境が示すのは、おそらく現代に不可欠の家族像だといってもよい。家族、もしくは擬似家族でもよい。家庭の中の「台所」の存在のように、自然に癒しと希望を与えてくれる「場所」を密かに願っている若者たちが、親近感を持ってばなな文芸に心を開いていこうとしていることを、大人たちは見逃さないようにしなければいけない。

山田詠美『僕は勉強ができない』
内面の真実のかけがえのなさを伝える主人公

『ぼくは勉強ができない』は雑誌「新潮」に一九九一年五月より連載された後、一九九三年三月に新潮社より単行本として刊行された。作者の、『放課後の音符』（一九八九年十月）などとともに高校生を主人公にした作品として発表時から多くの青春読者に愛読されてきている。

主人公時田秀美はサッカー好きの元気で活発な十七歳の高校生。作品は冒頭から、クラス委員の書記に選出された秀美が「最初に言っとくけど、ぼくは勉強が出来ない」と宣言するように、彼は勉強は好きではなく、成績も悪い。しかし、ショットバーで働く年上の桃子さんを恋人に持ち、クラスの女生徒にもよくもてるし、男子生徒からも一目置かれている人気者である。作品は冒頭のクラス委員の選挙の合間に、秀美が小学校五年のホームルームで体験した同じ選挙の場面を思い出すところを挿入している。そこでクラス委員長を選挙するのに秀美が投票した伊藤友子をめぐって、彼の投票を揶揄するクラスメートがその理由として彼女は「馬鹿だから」と答えた場面がこの本を別な面で有名にさせた。作品は秀美の小学校時代の体験を「番外編・眠れる分度器」の章で詳しく触れており、小学校時代の同級生で「定規を買えない程の貧しい家庭」で育った赤間ひろ子との出来事やクラスでの体験が秀美の人間を見る目を作っていったことを読者に想像させる形で作品が構成されている。冒頭での伊藤友子についての思い出もその一つとして示されている。

二〇〇一年度用高等学校国語科教科書としてこの本が文部科学省の教科用図書検定調査審議会で不採用になったことに端を発した話題がある。教科用図書検定調査審議会の不採用理由は、「馬鹿」という表記が「特定の児童に対する教師や他の児童の差別的な言動」にあたり、「心身の健康・健全な情操の育成について必要な配慮を欠いている」ということであった。このことが新聞報道された時、同時に掲載された山田詠美の言葉は「別に載せてもらわなくても構わない」であり、その後雑誌「文學界」（二〇〇二年七月）にも、自分から「載せてくださいって頼んだわけじゃないから別にどうでもいい」と書いている。「馬鹿」という表現だけをとらえて批判する教科用図書検定調査審議会に対して、作者としてこの作品で伝えようとしたものは、けっしてそのような学力や現象面で人を差別したり見下したりすることを含んで書いたものではないということを理解しないことに対する強い不満と否定の気持ちを、この言葉で示したにちがいない。

この出来事は改めて山田詠美の『ぼくは勉強ができない』に託したテーマを考え直させる機会となり、この作品が広く読まれる結果となったことはこの作品を支持する者にとっては喜ぶべき出来事であったかもしれない。

ではこの作品で作者が読者に伝えたかったものは何か。作者はあとがきにこう記している。高校二年の時、物理の試験で二度も零点をとった際にその物理担当で担任の先生が家に来て、「お宅のお嬢さんは授業態度も悪く、人の話を聞かない」「お嬢さんのように自分の世界に入ってしまって聞き分のない子は、将来は、作家にでもなりゃいいんです」と告げた。そのように「勉強が出来ない」ことを一面的な価値観ばかりで非難する大人に対して、「私はこの本で、決して進歩しない、そして、進歩しなくても良い領域を書きたかったのだ」と書いている。勉強は苦手で担任の先生を切実に心配させるほどであるが、しかし普通の高校生の枠にははまりきらない自由さと価値観を持つ時田秀美、この主人公を通して描こうとした「決して進歩しない、そして、進歩しなくても良い領域」とは何か、「今なら、私は勉強が出来ない、と開き直れる」と言う作者によって描かれた主人公のピュアな人間像にその答えが示されている。

時田秀美は学校の成績は、担任の桜井先生に「どうする時田、ぼくは勉強が出来ない、なんて開き直ってる場合じゃないぞ」と言われるほど情けない状態である。しかし、彼はこれまで成績の悪いことで悩むことはなく、明朗で積極的な日々を過ごしてきた。彼の言い分は「どんなに成績が良くて、りっぱなことを言えるような人物でも、その人が変な顔で女にもてなかったらずい分と虚しいような気がする」であるが、「女にもてなかったらずい分と虚しい」が肝心な言い分でないことは次の「いい顔をしていない奴の書くものは、どうも信用がならないのだ」からもうかがえる。秀美は「いい顔になりなさいと諭す人間が少な過ぎるのだ」とも言っている。要するに成績を上げる為にだけ勉強するのではなく、今生きているこのことを大事にすることを第一に考えるべきだという人生観を持っていると言えよう。こんな秀美の心を見抜いている恋人の桃子さんは「秀美くんは、学校の勉強は出来ないけど、違う勉強が出来てるのよ。決して、お馬鹿さんじゃないわ」と言う。確かに秀美は桜井先生が推薦する本は積極的に読んでおり、幼馴染の真理からは「大学に行って、私に、もっと、色々なことを教えてちょうだいよ。私は、秀美から、あれこれ勉強すんのが好きなんだから」と言われるのである。

しかしここまでの秀美では、作者が「この本で、決して進歩しない、そして、進歩しなくても良い領域を書きたかった」という人物としてはまだ物足りない。例えば「秀美はねえ、要するに健全過ぎるのよ。だから、ふられちゃうのよ」と言われる箇所である。要するにまだ魅力が不足しているとも言える。その健全すぎる秀美がまず桃子さんの男性問題で悩む。そしてそのことが杞憂に終わると、次には友人の片山が自殺をしたことで新たな悩みが生じる。片山はなぜ死んだのか。いろいろ考えているうちに、彼が「考えるとは、どういうことかってのを考えるんだよ」と語ったことを思い出し、秀美も考え込んだり、感傷的になったりしていく。そんな中で、桜井先生から進路の問題を示されて、今後の進み方について悩むことにもなる。更に、祖父の突然の入院などが起こって、いろいろ考えることが次々生じた秀美はもやもやとした気分になり、焦りを感じるようになる。そうした悩みと焦燥感の中で、秀美が明るくはっきりと大学進学を決心したことを桜井先生に告げたところで、ひとまず区切りがつけられ、作品は最後に「番外編・眠れる分度器」の章にうつるのである。作者がこうした秀美の思春期の姿を描いて強調したかったのは、学年主任の佐藤先生のように「自分の論理」を一方的に押し付ける大人の姿ではなく、直面した一つ一つの問題を自分で受け止め、煩悶しながら乗り越えていく秀美の内面の力の再認識であり、そうした内面の力にこそ、勝手な大人の論理で領略してはいけない人間の「進歩させるべきでない領域」があるということであったにちがいない。

作者は『内面のノンフィクション』(一九九二年四月)の中で、宮本輝の「言葉にできないものを言葉にする」という表現に共鳴して、「書き手も含めての心情が溶けているそのさまを文で表すこと」が必要であることを述べている。まさに人間の「内面のノンフィクション」、言い換えれば内面の真実を書くことこそ必要であるということを述べていると言える。時田秀美の生き方を通して、外面の装いや世間の論理による価値観に左右されて生きるのではなく、悩んだり感傷的になったりして躊躇を繰り返しながら、しかし決して迎合したり変形させてはいけない内面の真実を見失わずに、どんな批判にもけっして屈することなく明るく生きようとする姿を伝えることこそ、この作品に託した作者の内面のノンフィクションであると言えよう。

小川洋子『ミーナの行進』
自分の心に真っ直ぐ向かって生きたミーナのピュアな心

二〇〇四年に第一回「本屋大賞」に選ばれた『博士の愛した数式』が全国的に話題を集め注目されている中で、二〇〇六年四月に中央公論新社より出版された『ミーナの行進』は同年の「谷崎潤一郎賞」を受賞し、小川洋子文芸は中高生から大人まで広範囲の読者に最も注目される作家のひとりとなった。

『博士の愛した数式』は老数学博士と、博士にルートと名付けられた十歳の少年の交流が中心の小説で、人間の心に左右されない数学の完全なる真理と人間的苦しみとを対峙させることで人間の心の中のピュアなものを浮き彫りにさせた作品である。『ミーナの行進』も、小学六年生でミーナの愛称で呼ばれる少女と、語り手でもある当時中学一年生の朋子との一年間の交流を通してピュアな心が浮き彫りにされ、読者にしみじみとした懐かしさを感じさせる作品になっている。

作品の舞台は一九七二年の芦屋の住宅街である。小川洋子は対談の中で「夫の転勤で芦屋市に住みはじめまして、その直後、非常に現実離れしたある洋館が偶然、散歩の途中で目の前に現れた。そのときこういうお屋敷をそのまま小説にしたい」「あまりにもお金持ちであるために、現実から切り取られた家族を書いてみたいと直感した」と語っている(「Ｖｏｉｃｅ」二〇〇六年六月、ＰＨＰ研究所)。

作者のそうした意図によって書かれた作品は、芦屋の高級住宅に住む清涼飲料水会社を経営する社長の、一五百坪の敷地に十七の部屋があるスパニッシュミッションスタイルの大豪邸が舞台であるだけでなく、ドイツ人の祖母がいて、小学生のミーナは持病の喘息のため病弱で、毎日コビトカバの背に乗って通学するというユニークな設定が施されている。その設定が故に醸し出すファンタジー性がこの作品の特徴になっているが、一方、この作品は阪神淡路大震災（一九九五年一月十七日）を挟んで書きたいという作者の意図があって、一九七二年の一年間をそのミーナの家で過ごしたミーナの母の妹の子供である中学一年生の朋子が、三十数年後に回想するという形式で書かれているので、大震災後の阪神間の風景と一九七二年時のファンタジー空間とが対比的に構成された作品になっている。

一九七二年の時間を具体的に紹介すると、語り手になる朋子は岡山に住んでいて、父を亡くし母が生活を守る手段として東京の専門学校に一年間学ぶことになり、その間を母の姉の芦屋の住宅で過ごすことになったところから回想が始まる。まず新幹線の駅に迎えに来たハンサムでダンディな伯父さんと伯父さんの乗る高級外車に出会うところから朋子の異空間の生活がスタートする。芦屋の家ではまず母の姉の伯母さん、伯父の母でドイツ人のローザおばあさん、一歳年下の従妹のミーナ（本名は美奈子）、年取ったお手伝いの米田さん、庭師の小林さんを紹介される。朋子はすぐにミーナと打ち解け、回想の大半はこの病弱だが聡明で不思議な少女ミーナとの思い出に費やされている。

朋子の語るミーナは毎朝コビトカバに乗って学校へ行っても臆することのない気の強い少女であるが、一方で川端康成の『眠れる美女』をはじめ『園遊会』『はつ恋』など小学六年生でほとんど読む者もいないと思われる国内外の文学作品を次々と読み、的確な批評を朋子に語っている。

その文学少女はまた物語を想像することが得意で、彼女がみんなの協力で集めた珍しい図柄のマッチ箱を入れた箱に「蓋の裏から側面、底に至るまで、びっしり隙間なく」書いた物語は、空想に満ちており、朋子はそのミーナの作る話に引き込まれていき、いくつもの物語をミーナの朗読を聴いたり、自分で読んだりする。喘息で、外出するとすぐに熱を出すミーナにとって彼女の作る物語の世界は「低気圧や排気ガスや坂道にひやひやする必要もなく、草原だろうが好きな場所を旅することができる」自由な世界であり、ミーナと朋子がマッチ箱の中のミーナの物語世界に入り込むたびに、読者は何にも束縛されない自由な空想世界をともに旅することができる。

最初にミーナが見せたマッチ箱は、箱の表に「シーソーに乗った象の絵」が描いてあり、ミーナはそのマッチ箱の入ったキャンディの箱にその絵から想像したシーソー象の物語をびっしり書いていて、それを朋子に朗読して聞かせた。ミーナが集めるマッチ箱は、奇抜な変わった絵柄のものが中心で、シーソー象の外、ウクレレを奏でる蛙、パイプをくゆらすひよこ、泉で沐浴するサンタクロースなど意外性に満ちていた。ミーナのマッチ箱への興味は周りの人に知られていたが特に水曜日ごとにフレッシーを配達に来る青年はしばしばミーナの好む図柄のマッチ箱を届けてくれた。しかし、ミーナがマッチの図柄から物語を紡ぎだしていることは朋子にしか伝えていず、二人はこのマッチ箱の秘密からも特別な親しさを増していった。

マッチ箱の秘密の次に二人が共有したのはバレーボールの試合と選手への関心だった。一九七二年はミュンヘンオリンピックの年で、この大会で日本の男子バレーボールは悲願の金メダルを獲得している。関心のきっかけはミーナが入院中に偶然テレビで見た『ミュンヘンへの道』の特集番組だった。二人は男子バレーボールのチームと個々の選手に関するあらゆる情報を集め、懸命に応援した。中でもミーナは猫田勝敏選手に夢中になるが、その理由は、優勝後に猫田選手に宛てたミーナの手紙が語っている。

スパイクが決まった時、皆はスパイクを打った人に注目します。コートに突き刺るボールの威力に見とれます。

しかしそんな時でも私は猫田選手を見ています。トスを上げ終えた猫田選手は、身体を小さくし、下からボールを見上げています。時にはコートにはいつくばっています。今決まったスパイクが見事であればあるだけ、それを生み出したトスもまた素晴らしいはずなのに、猫田選手はそんな素振りは見せません。（略）どうして猫田選手はあんなにも優しくボールをトスできるのか、不思議に思います。

病弱で、自由に運動ができなかったミーナにとって、悲願の金メダルを実現した男子バレーボールは彼女の夢であり、中でもセッター猫田はピュアな寂しさと優しさを持った彼女の代弁者であったかもしれない。シーソーに魅入られた象の物語でも、象の求愛の思いが子供たちに伝えられない寂しさと悲しさを書いていた。

三十年後、ミーナはケルンで出版会社を興してたくましく活躍している。伯父の清涼飲料水の会社は大手の会社に吸収され、芦屋の豪邸も手放し、震災後の苦楽園（西宮）のマンションに住む伯父と伯母の一家は、ドイツのミーナを心配しつつ元気に過ごしている。朋子は図書館に勤めながら、かつてミーナと過ごした記念のマッチ箱の箱や写真を大事にしまっている。三十数年が経過した今も朋子の心には、あの時に共有したミーナの寂しさや優しさのピュアな心に触れた時間は、大切にしまわれている。作者は「伝えたかったのは〈懐かしさ〉です」と言っている。子供の時の体験というのは誰にとっても大人になった現在から振り返れば異空間の物語かもしれない。『ミーナの行進』の一九七二年の時間が現在と全くかけ離れた空間であることで、その時への懐かしさはよりピュアなものとなって読者の心をいざなってくれる。現在の高校生たちにもぜひ、このピュアな心的懐かしさを体験してほしいと願っている。

Ⅱ　山本周五郎文芸の魅力

『寝ぼけ署長』
人間愛を貫いた推理と解決

『寝ぼけ署長』は昭和二十一（一九四六）年十二月から昭和二十三年一月にかけて雑誌「新青年」に発表された。警察署長、五道三省は年齢は四十歳か四十一歳、独身、太っていて「かなり恰好の悪い軀つき」をしていて牡牛を思わせると紹介される。加えて、細い小さな眼は「いつもしょぼしょぼして」、署長室でも官舎でもいつも居眠りばかりしている人物である。しかし、ひとたび事件に向き合うと無類の思考力を発揮し、犯罪にかかわった者の心理を次々に見ぬいていく。日頃の読書量もかなりのものであり、なぜか詩や文学史やその評論が多い。こうした五道三省の人物像や日頃のスタンスは、全十話からなる連作を通して、一貫して変わらないのだが、読者は一作ごとに彼の魅力に引き込まれていき、最後の「最後の挨拶」を読み終える時には、「誰にも知られずに、そっとおれは別れてゆきたいんだ」という五道に共感し理解しながらも、懸命に留任運動をする住民たちと同じ気持ちにさせられるのではないだろうか。

木村久邇典氏は、

『寝ぼけ署長』の連作は著者の唯一の探偵小説といってよいが、探偵小説であるよりもまず山本周五郎でなければ書けぬ作品を、探偵小説的構成を借りて表現したものといえよう。
（『山本周五郎全集』第四巻「附記」、昭和五十九年一月、新潮社）

と述べている。『樅ノ木は残った』に代表される歴史小説を中心とした作家、山本周五郎が、初期の頃には探偵小説を多く書いていたことは案外知られていない。平成十九年から二十年に作品社より『山本周五郎探偵小説全集』（全六巻・別巻一）が刊行されるまでは、編者の末國善己氏が第一巻の「編者解説」で「戦前の探偵小説は、新潮文庫の短篇集に数篇が収められているだけで、作品の復刊も再評価も進んでいないのが現状である」と述べているように、周五郎のこの分野の作品は『寝ぼけ署長』以外は殆ど顧みられることがなかったようである。しかも、末國氏の解説には、存在することは確かながら、『山本周五郎探偵小説全集』にも未収録の未発見作品が長篇短篇合わせて十三本あることが記されている。ともあれ末國氏の尽力で周五郎の別な側面が評価されることとなったことは喜ばしい。

その『山本周五郎探偵小説全集』に収録されている作品群が明らかにしているように、周五郎は二十七歳だった昭和五年頃から『危し!! 潜水艦の秘密』（昭和五年七月）や『幽霊屋敷の殺人』（昭和五年九月）など少年向けの探偵・怪奇小説を盛んに書いている。それらの発表媒体が博文館発行の「少年少女譚海」を中心としており、この雑誌が昭和十九年に廃刊になった後、周五郎は戦後、同じ出版社の雑誌「新青年」にも執筆するようになって『寝ぼけ署長』の連載がなされた。

周五郎の創作初期は、その発表媒体からもわかるように、対象読者は少年少女を中心としていた。彼がそうした創作を始めた動機を語ったものとして、当時「少年少女譚海」の編集長だった山手樹一郎に触れて「畏友 山手樹一郎へ」(『山手樹一郎・山本周五郎小説読本』時代傑作小説臨時増刊号、昭和三十五年九月)で次のように述べている。

僕は丁度、結婚相手が出来て、家を持たねばならないし……いや、恋人が出来た時だったかな……ともかく金の必要があるから、書かしてくれと言うと、彼はじゃァ俺の言う通りに書くかと念をおすので、よし何でも言う通りにすると約束した。それで、書きあげたのが『疾風のさつき丸』という少年時代小説だった。

周五郎が土生きよいと結婚したのが昭和五年十一月で、ここに書かれているようにこの年から少年少女向け雑誌に探偵小説を書き始めた直接の動機は生活のための原稿料を得ることにあった。しかし、木村久邇典氏が周五郎から聞いた言葉として「すぐれたエンターティメントの作品を書くには、推理小説の構成を勉強することが要諦だ」を紹介しており(『山本周五郎小説全集』別巻3「解説」昭和四十五年六月、新潮社)、この「少年少女譚海」に探偵・推理小説を精力的に書いたことが、やがて昭和十七年六月からの連作『日本婦道記』や、昭和二十一年七月に前篇を発表した『柳橋物語』といった代表作を生んでいく力量を育んだともいえる。周五郎が『柳橋物語』と前後して探偵小説である『寝ぼけ署長』の連作を「少年少女譚海」と同じ博文館の「新青年」で始めるのも、そうした経緯とかかわっているように推測できる。

そうして書き始められた『寝ぼけ署長』の第一作は、「中央銀行三十万円紛失事件」と題して昭和二十一年十二月の「新青年」に掲載された。銀行の納い忘れた手提げ金庫から三十万円が紛失したという事件であるが、五道署長はその金はまだ銀行内にあると目星をつけて、署長自ら捜査に乗り出した。その方法はユニークなもので、支店長以下十三人の行員全員から事件のあった土曜日に「自分の担当した事務を、精しく、順序立てて」話すことを求めた。しかも翌日もその次の日も同じことを繰り返させた。六日目に五道は孫子の言葉を例に出して、なぜそのようなことをさせたかを説明する。そして支店長に向かって「あなたは、金が欲しいですか、それとも、犯人がほしいですか」と迫るのである。その五道の考えが示されているのが、事件のことで訪ねてきた渋谷昌子に対して語る次のことばである。

人間は、うっかりすると、転ぶ、その転び方が悪いと、一生、片輪になる、（略）失くした金は、また儲けることが、できる、けれども、片輪になった人間を、元どおりにすることは、非常に、むつかしい、私はそれを、心配して、いるんです

この言葉の直前に「おれは、人間の方を心配しているんだ」とも語った五道の人間への眼差しは全

編を貫いていて、初めは五道のヒューマニズムに対して批判的であった新聞記者青野庄助をも、シリーズが進むにしたがって虜にしていくのである。先に紹介した木村久邇典が言った「山本周五郎でなければ書けぬ作品を、探偵小説的構成を借りて表現した」はまさにここに符合していく指摘であったということができよう。『寝ぼけ署長』シリーズを開始する直前に前篇を書き上げた『柳橋物語』もまた、人間を見据え人間の真実の愛を明確に描いた作品であった。

『小説日本婦道記』をはじめ彼が歴史小説を通して一貫して描いた姿勢は、「歴史と文学」（昭和三十六年六月、中央評論）において、

いかなる思想、いかなる新らしい社会主張にも左右されず、いつでも文学は文学として、どんな権力にも屈することなく、自由に人間性を守ってゆく。この情熱を失なわないようにしていきたい。これが文学であろうかと私は思うのでございます。

と述べたことが総てを語っているといえる。『樅ノ木は残った』（昭和二十九〜三十三年）を書いた時も、伊達騒動の歴史的解釈ではなく、原田甲斐の「一個の人間として誠実に生きぬこうとした人生態度」、歴史の資料の中から「自然にうかび上ってくる甲斐の人間像」（「歴史と文学」）を描くことを目指したと書きとめている。『寝ぼけ署長』が書かれた昭和二十一年、太平洋戦争に敗北して国民の価値観が混沌としていたさなかにあっても、周五郎はそうした世相を見据えつつ、いかに困難な時代に

おいても、あるいは生活が困窮していたとしても、「人間は人間ですぜ」(「眼の中の砂」)と訴える長屋の老人の言葉に託したように、人間一人一人のかけがえのなさを読者に訴えかけていきたいという思いを貫いたということができるのである。

このシリーズは、中島河太郎が触れているように「新青年」編集部では、初めは第三話を以って終わるつもりであったものを、読者の要望にこたえて引き続き連載することに変更し、十話まで延長した(「覆面作家の『寝ぼけ署長』」『山本周五郎の世界』新評社、昭和五十六年九月)。かなりの英断だったと推測できるが、それだけ多くの読者が、五道三省の人間愛を貫いた胸のすくような推理と解決を期待していたことをうかがわせるのである。

その中で特に触れておきたいのは、五道がかなり熱心な読書家であり、多岐にわたる読書の中でもとくに「詩とか詩論」「文学史やその評論」にかなり偏っていたと紹介されている点である。その端的なこととして「眼の中の砂」で『聖書』と英国詩人ウィリアム・ブレイクの詩集『無垢の歌』の中の「The Divine Image(神のイメージ)」の詩句が引用されている。『聖書』は「ルカによる福音書」二十三章三十四節、十字架にかけられたイエスが「神よ宥したまえ、かれらはその為すところを知らざるが故に」と祈る箇所の引用であり、ブレイクの詩句は「慈悲と愛と憐愍の在るところ神もまた在り」の一文である。この二つの言葉を引用した「眼の中の砂」はこのように始められている。

罪を犯した人間に対してわが寝ぼけ署長がどんなに深い同情と憐れみを持っていたかという

ことはもう度たび話しました。（略）勿論、中には署長のちからに及ばないことがあって送局するより仕方のない場合があります。そういうときの署長の哀しげな諦めの悪いようすは忘れられません。

そして、こうした「署長のちからに及ばない」ことがあった後の或る時に、語り手でもある部下の署員が見聞きしたものとして先述の二つの言葉が記されている。

神に許しを請い、神の愛に縋ろうとする言葉から窺えるのは、その時の署長の心奥の寂しさであり、一人の人間のことを深く思いやる署長の真実の姿であるともいえるが、この署長が聖書に触れるのは作品中でこの箇所だけであり、作者周五郎もここでキリスト教信仰を云々するつもりはなかったと考えられる。むしろ現実の一切の価値観をこえても人間愛を貫き、一人の人間の生きる道の行方を気遣い、願う真実な心が、『聖書』に、そしてブレイクの詩句に託して語られたという見方が出来るのではないかと思う。

『寝ぼけ署長』の連載は、戦後の混乱期の昭和二十一年十二月から二十三年の一月にかけてであった。この作品が出版社の予想を超えて人気を博した理由としてもう一点あげるとすれば、それは、理不尽な暴力や貧困の中でどんなに辛くても、日々を生きることがどんなに過酷であっても、けっして絶望したり逃げ出したりしてはいけないという考えを、五道署長が繰り返して庶民に唱えてきた点であろうと思う。例えば「夜毎十二時」の次のことばである。

人間は死ぬまでしか生きない、たしかに愛し合うのは生きているうちだけです、愛する者があったなら、そしてその機会が来たら、時を失わずに愛するがいいのです、

五年の間相手に自分の思いを伝えることもできず苦しく辛い日々を過ごし、絶望しかけている二人を諭すこの五道の言葉は、「毛骨屋親分」で暴力に屈しようとする人たちに「人間が正しく生きるためには勇気が必要であります」と厳しい言葉で話す五道の言葉とも呼応する。そのように、五道署長が求める道は、現在の時間と生活を懸命に生きることによって得る幸せであり、前向きな生き方によって人間性の回復を実現させようとすることである。おそらくこうした向日性が戦後の昭和二十一年から二十三年という時代の読者に共感を呼んだのであり、それは、時間を超えて現代にあっても読者に温かさと安心と勇気を与える作品として、周五郎文芸の魅力の一端を担っていると考えられる。

『山彦乙女』『五瓣の椿』
歴史を超えて訴えてくる人間のかけがえのなさ

『山本周五郎長篇小説全集』第十三巻（二〇一四年三月、新潮社）には、昭和二十六（一九五一）年六月十八日から九月三十日まで「朝日新聞」夕刊に連載された『山彦乙女』と、昭和三十四年一月号から九月号にかけて「講談倶楽部」に連載された『五瓣の椿』を収録している。山本周五郎四十八歳と五十六歳の作品である。

周五郎が小説家として注目されるようになるのは、昭和十七年六月から二十一年一月まで、「婦人倶楽部」などに『日本婦道記』の総題のもとに発表した短編が評価されてからである。『日本婦道記』は、昭和十八年上半期の直木賞に決定、周五郎はこれを辞退したが、木村久邇典氏によれば、昭和二十一、二年の頃、周五郎は『日本婦道記』に登場する女性たちに関して、「わたくしの好きな女性」と「読者には寧ろないしよで、いつしよに悲しみや悦こびを味は」うという気持ちで書いたと言っている（新潮文庫『小説　日本婦道記』解説）。この『日本婦道記』のような人間味と親近感に満ちた作品世界が、次第に高く評価されるようになり、戦後、周五郎は昭和二十一年から二十四年にかけて発表した『柳橋物語』を始めとして、幅広い読者に愛される作家となっていったのである。『日本婦道記』を書き始めた昭和十七年は周五郎三十九歳、それまでも精力的に作品を発表してきたが、二十三歳（大正十五年）で『須磨寺附近』を書いて以来の長い年月、かなりの苦労を経てきていた。それゆえに『日本婦道記』以後、次々発表される周五郎作品には、しみじみとした人間の情や愛がにじみ出ている。『山彦乙女』の安倍半之助とみどう家の娘花世の若い男女の感情のふれあいや、『五瓣の椿』のおしのの健気な決心と、彼女を理解する与力、青木千之助の人間味などは、こうした周五郎の人間愛で通底する。

『山彦乙女』

『山彦乙女』は、周五郎が新聞連載に当たって、この物語の背景は徳川五代綱吉の治世であるが、「『殺生禁断』という空前の法令が発せられ、すべて温血動物を殺したり虐待したりすると、人間そのものが重罪に問われるという、独裁政治の狂信的な統制が現実に励行され、一般庶民は、はなはだ迷惑した時代」において、「その中でも人間はやはり生きており」、「わたくしはこの作中の若い主人公と共に、できるだけ生きがいのある、人間らしい生活を、この物語の中で探究してみるつもりです」と語ったように、徳川綱吉のもとで実権を握った柳沢吉保を中心に、権力と財産をめぐって策略が飛び交う時代にあって、一途に武田信玄の一族の再興を画策する娘、登世と、そうした時代の動きには頓着しないで、出世や権力よりも人間らしい生き方を求める安倍半之助とを対置的に描いた作品である。

安倍半之助は、柳沢吉保に取りいって、千二百石の大御番を務める安倍冲左衛門を宗家にもつ若者である。冲左衛門は時代の動きに聡く、柳沢の威光を利用してさらに出世を目論む抜け目ない生き方をしており、半之助にも大目付の記録所かどこかに席を得させて、一族の勢力を増そうと考えている。しかし半之助は、冲左衛門の勧めを嫌い、薬草を管理する御薬園の仕事を選ぶ。理由としては、彼の人間との交わりをあまり好まないという性格もあるが、それ以上に、彼が、

政治というものには権力が付きものだし、権力というやつは必ず不義と圧制をともなう。それは、その席に就く人物の如何にもかかわらないし、決して例外はない。（略）政治と一般庶民とのつながりは、征服者と被征服者との関係から、離れることはできない。政治は必ず庶民を使役し、庶民から奪い、庶民に服従を強要する。いかなる時代、いかなる国、いかなる人物によっても、政治はつねにそういったものである。（「心志相反」）

といった考えを常に持っている人物だからである。

その彼にとって、忘れられない出来事として頭に残っているのが、十歳の時に母方の叔父遠藤兵庫から聞いた甲斐の国の「かんば沢」の話であり、後に叔父が奇怪な失踪をした出来事である。叔父は道楽者で甲府勤番にまわされていたが、二回の謎の失踪をした後、ついに帰らぬ人となった。母親があり妻子がある家庭を捨てて何故失踪したのか、長い間疑問に思っていたが、御薬園勤務になったある日、半之助は、叔父の遺品を調べ始めた。そして兵庫が甲府勤番中に「かんば沢」の秘密を知り、「かんば沢」に強く惹きつけられ、命を落とすことになってしまったことに思い至るのである。

半之助は、その時の叔父の心境を推測する。「叔父は世間や人間の裏おもてを知り、（略）そこから逃げだしたくなったに、相違ない。甲府へゆくことは、新しい生活を始めることであったが、そこで『かんば沢』という、思いがけないものに、捉まってしまった」（「やまない雨」）。このことに思い至ってから半之助の中で何かが動きだし、何かに目覚めた実感を持つようになり、彼もまた失踪した。「こんな生活はもうたくさんだ、これは人間の生活じゃない」「逃げだそう、早く、一日も早く……」（同）、失踪前の半之助の呟きである。

物語はこの半之助の「かんば沢」に向けての失踪で、作品の初めから見え隠れしていたもう一つの話と一つになる。甲斐はかつて武田信玄の領地であったが、信玄が無念の死を遂げたのち武田家は滅亡し、その武田家を再興したいという宿願だけを生きがいに、挙兵の企てを画策してきた武田の一族、甘利郷の地主みどう家の娘登世の輪郭が明確になってくる。

この作品は、後半は、周五郎の故郷甲州の山河を舞台とし、戦後初の新聞小説でもあってかなり精力を注いで書き上げられた。周五郎にとって生家の清水家は武田の遺臣の後裔と伝えられており、登世の野望には周五郎自身の先祖に遡及する懐旧の思いが託されてもいる。その登世が死ぬことで、歴史の上での過ぎ去った栄光や権力に一途にすがることをむなしさのうちにすべて終焉させ、結末では登世の妹の花世が半之助に寄り添う場面がクローズアップされる。この展開に、周五郎の、権力への執着ではなく、自然の雄大さ悠久さの恵みの中で真に人間が回復され解放されていくことへの希望が託されているということができよう。天真爛漫で無垢な花世の肩を抱きながら、「おれは生きている。」

「生きることができる」(「秋の章」)と心に呟く半之助の姿に、作者の思いのすべてが結晶しているのである。

『五瓣の椿』

『五瓣の椿』は、舞台を天保五(一八三四)年の一年間の出来事として描いた作品である。江戸時代も二百数十年が経過し、徳川幕府の威光にも陰りが目立つようになっていた。そこへさらに、江戸の大火、各地の地震等々で大飢饉が全国的に広がりを見せ、政治にも治安にも不安が強くなってきていた時代の真只中で物語は始められている。

まず注目されるのは、冒頭に、中村仏庵という老奇人の病死を描いていることである。ストーリーとは無縁な老人の死であるが、金の力で理不尽な立ち退きを強制された体験を持つ老人の姿こそは、混沌とした時代に頼るものもなく生きなければならない庶民の典型のように登場させているともいえる。周五郎は、この作品を発表した翌年に「文化放送」で次のように語っている。

私が書く場合に一番考えることとは、政治にもかまって貰えない、道徳、法律にもかまって貰えない最も数の多い人達が、自分達の力で生きて行かなければならぬ、幸福を見出さなければならない、ということなのです。一番の頼りになるのは、互いの、お互い同士のまごころ、愛情、そういうものでささえ合って行く……、これが最低ギリギリの、庶民全体のもっている財産だと私は思います。（略）我々を伸ばしたり、救ったりしてくれるのはいつでも、人間同士のまごころでつながっている、このつながりだと、私は思います。

奇人として寂しい死を遂げた老人は、おそらく「お互い同士のまごころ、愛情」とも無縁の人生であったに違いない。庶民は「人間同士のまごころでつながっている」ことを唯一の財産として生きていく、これが作家周五郎の一貫した認識であった。仏庵の、誰からも見放された孤独な死を冒頭に描くことで、周五郎はそんな「人間のまごころ」を手にすることすら困難な時代において、しかしそんな時代にあってもなお無条件に生きなければならない一人ひとりの庶民を見据えつつ物語を書き始めるのである。

山田宗睦氏は、『五瓣の椿』の序章が「簡潔で、歴史小説風な文体で描かれて」いることに着目し、「こういう歴史小説風のかわいた叙述の裏側にひそむ、人間の小暗い汚濁とそれをバックに光る清冽な意志との葛藤劇を描いている」と言っている（「五瓣の椿」『研究・山本周五郎』學藝書林）。序章では仏庵の死を描き、それと同様の出来事として薬種屋「むさし屋」の寮が自火で焼け、焼け跡から三人の死体が発見されたこと、死体はむさし屋の夫婦と一人娘の三人であったが、主人の喜兵衛は三年前から労咳を患い、家付きの妻おそのは感染を恐れ、看病は娘のおしのにまかせて自分は寮に移っていたことまでを、下女の言葉を交えながら簡潔に告げている。山田氏の指摘するように、こうした歴史小説風の文体の導入によって、おしののやむに止まれぬ復讐劇がより清冽な光を放つのである。

物語は第一話に入り、一転してその事件のうちにあるのっぴきならない人間の思いや言動を描き出していく。

火事の少し前、十二月末になって喜兵衛の容態は急変する。彼は「どうしてもひと言、生きているうちに云ってやりたいことがある」「これを云わずには死にきれない」と、おそのに会うことを懇願する。しかし喜兵衛の命は絶え、願いは果たされなかった。遊びから戻ったおそのは事態を知った後、おしのにこう告げる。

「あんたがあまりこの人のことで悲しがるから教えるのよ、日本橋よろず町に丸梅っていう袋物問屋があるわ、その店の主人の源次郎という人が、あんたの本当の父親なのよ」（「第一話」）

喜兵衛がおしののために生涯をかけて最後まで守ろうとしたことを無残に暴いたおそのを前に、おしのは「これがこのままそっとしておかれていい筈はないわ、この償いは誰かがしなければならない」という思いを心に秘める。それからおしのの復讐劇が開始されるのだが、その真意を町方与力、青木千之助にこのように告げる。

人が生きてゆくためには、お互いに守らなければならない掟がある。その掟が守られなければ世の中は成り立ってゆかないだろうし、人間の人間らしさも失われてしまうであろう。（「第六話」）

しかし、その掟を破る者がいても、「御定法では罰することができない」。おしのは「人間の人間らしさ」が失われないために、たとえ「御定法」が罰しなくてもこの人間としての「掟」を守らないことは許せなかったというのである。そして四人を次々に殺害し、思いを遂げてきた。だが、五人目に臨んでおしのはこう言う。「御定法で罰せられないとすれば、その人自身でつぐなうべきものだ」……四人を殺害した論理とは異なる考えを示すのである。

水谷昭夫氏は、四人の罪を自らの手で裁いてきたおしのの信念を「それもまた、深い人間の罪である」と言っている（「『五瓣の椿』の世界」『水谷昭夫著作選集』別巻新教出版社刊『山本周五郎の世界』所収）。『五瓣の椿』の魅力は、実はこの「深い人間の罪」に対峙するおしのの姿にある。おしのが見事に五人に対して復讐劇を実現することよりも、最後の一人を前にして立ちどまった姿を通して、「人間の罪は、御定法で罰せられないとすれば、その人がつぐなうべきである」という根本の命題を読者に伝え、そして一人一人がその認識をもって自分を振り返る、そうしたたしかな連帯のなかにこそ、いかなる混沌の時代にあってもかけがえのないものがあることを周五郎文芸は告げているのである。

『山彦乙女』で「これから五百年、千年のちにも」「また誰かが、此処へ来て、同じように、あの山を眺めるだろうか」（「秋の章」）という箇所がある。周五郎の小説は、この言葉のように、歴史を超えて今を生きる庶民へ訴えてくるのである。

『正雪記』
歴史のなかから人間性を

『正雪記』は、三部からなっている。第一部は昭和二十八（一九五三）年一月から二十九年一月まで、第二部は同二十九年十一月から翌三十年十二月まで、そして第三部は三十一年八月から三十二年八月まで、それぞれ「労働文化」（労働文化社）に連載された。山本周五郎五十歳から五十四歳にかけての作品である。この時期、周五郎はさらに『栄花物語』（昭和二十八年）、『樅ノ木は残った』（昭和二十九〜三十三年）、『ほたる放生』（昭和三十年）、『つゆのひぬま』（昭和三十一年）、『赤ひげ診療譚』（昭和三十三年）などを発表し、もっとも精力的に執筆活動に取り組んでいた。

『正雪記』の連載に先立ち、周五郎は、この作品にかける思いを端的に記して「労働文化」に寄せた。『山本周五郎長篇小説全集』第九巻（二〇一三年十二月、新潮社）に収められた「作者の言葉」がその全文である。そこで周五郎は、次のように言っている。慶安事変の主謀者とされる由比正雪は、伝説的な存在で、経歴からして明らかでないが、事変の真相についても解釈はまちまちであり、正雪その人をまさしく知ろうとする努力がこれまでほとんど見られない。彼の悲劇を、彼自身の過誤による悲劇ではなく、時代の流れと権力の犠牲になった人間の悲劇として追求してみたい……。

由比正雪（『正雪記』では「由井正雪」）は、慶長十（一六〇五）年頃に東海道由比（現在の静岡市清水区由比）で生まれ、慶安四（一六五一）年七月二十六日（太陽暦では九月十日）、幕府の政策を批判し、転覆を図った首謀者として追われ駿府の宿で自刃した。謀反計画に加わったとみなされた者も捕らえられ、槍術家丸橋忠弥（『正雪記』では「丸橋忠也」）ら三十数名が処刑され、正雪の両親、弟など一族もことごとく処刑された。これが後世、慶安の事変、といわれている出来事であるが、この出来事自体はたちまち話題となり、いろいろに書かれてきた。が、正雪の人生については詳細な記述はほとんどなく、事変の真相についても正確な記録は残されていない。

周五郎は、『正雪記』を書き終えた後に、以下のように書いている。

由井正雪の事件。これなども私はあるところへ長編で書いたことがあるんですけれども、できる限りの資料を調べてみたんですが、正雪が革命をたくらんだというデータはどこにもありません。（「庶民は政治と無関係」、「歴史と文学」昭和三十六年六月、中央評論）

「慶安の事変」については、江戸中期から「慶安太平記」「太平記菊水之巻」などと題して芝居等でもよく演じられた。しかし周五郎の述懐が示すように、事変と由比正雪についての正確な資料はない。

林亮勝氏は、「慶安の変についての定説は、牢人の増大が当時の最大の社会問題であった。その牢人が正雪・忠弥を中心として集まり、家光没時に幕府転覆を目的に蜂起しようとしたが、事前に発覚して大事には至らなかった、というものである」と述べ、しかしこれは、「家光没時の不安定な時期に将軍権力強化のために利用された事件である」と考えられるとしている。周五郎が、「正雪が革命をたくらんだというデータはどこにもありません」というように、林氏は「慶安の変」は由比正雪・丸橋忠弥が首謀者として起した事件ではなく、彼らが徳川幕府の政策のために利用されたと推測しているのである（「山本周五郎の世界」、「別冊新評」昭和五十二年十二月）。尾崎秀樹氏は、「浪人対策は幕府のガンとなっていた。正雪たちの動きはその弾圧の恰好な口実とされたのだ。山本周五郎ははっきりとそこに眼をすえて、事件群像を描きあげている」と言っている（『評論山本周五郎』白川書院、昭和五十二年七月）。そうした周五郎の関心に注目するなら、重要なことは彼がこの時期に何故「慶安の事変」を素材にし、かつ由比正雪を中心にした『正雪記』を書く必然があったかということである。『正雪記』と並行して書かれた『樅ノ木は残った』との比較から考察してみよう。周五郎は「歴史と文学」中の「歴史では不可能だが、文学では可能」においてこう書いている。

『樅ノ木は残った』における原田甲斐の解釈でも、私は決して異説をたてようとしたのではありません。あの小説の背景をなしている寛文事件――俗に伊達騒動とよばれております――あの事件については、殆どの資料を精密に調べつくした、と断言できると思っておりますが、幕府に一貫して流れていた基本政策というものは、家光以来の大藩取り潰し政策であり、酒井雅楽頭の術策におどった伊達兵部の陰謀と、壮烈と反骨を好む仙台人の特異な気質とが、あの悲劇をつくりだした。

そしてさらに、

原田甲斐が、その事件の渦中に次第にまきこまれてゆきながら、なおかつ、彼が一個の人間として誠実に生きぬこうとした人生態度。その態度に私は惹かれたわけなんですけれども、これは、資料を忠実に読みさえすれば、自然にうかび上ってくる甲斐の人間像である筈なんであります。

と述べている。

寛文事件については、大槻文彦の『伊達騒動実録』をはじめかなりの歴史的資料が書かれている。周五郎はその「殆どの資料を精密に調べつくし」て『樅ノ木は残った』を書いたというのであるが、ここで注目したいのは、彼がそこまでこの事件に関心を持ち、作品執筆を促されたのは、事件そのものではなく、原田甲斐が、「一個の人間として誠実に生きぬこうとした人生態度」に惹かれたと書いている箇所である。周知のように、周五郎の『樅ノ木は残った』が執筆されるまでの原田甲斐は、伊達藩の騒動で陰謀を企てた一人として歴史の上では悪人とみなされてきた人物である。「原田甲斐の解釈でも、私は決して異説をたてようとしたのではありません」と周五郎が言うのはそのことであるが、『樅ノ木は残った』の原田甲斐像は、決して周五郎が意図的に拵え上げたのではなく、「資料を忠実に読みさえすれば、自然にうかび上ってくる」人間像であったというのである。
周五郎は、「歴史的事実と文学的真実」という言葉を好んで使うが、このことについて「要は、その話をつみ重ねるのは歴史であり、そのなかに人間性を捜すのが小説である」とも言っている。歴史の上で何を残したかではなく、その時にどのような思いでことに対処したのかという人間的真実を凝視する、これが周五郎の文学であるということでもあろう。
「歴史と文学」中の「資料を並べても小説にならない」で、周五郎はさらに次の一文をも記している。

文学の場合は、慶長五年の何月何日に、大阪城で、どういうことがあったか、ということではなくて、そのときに、道修町の、ある商家の丁稚が、どういう悲しい思いをしたか、であって、その悲しい思いの中から、彼がどういうことを、しようとしたかということを探究するのが文学の仕事だと私は思います。

周五郎の歴史小説は、ほとんどが江戸時代を描いている。慶長五（一六〇〇）年の関ヶ原の戦いで勝利を収めた徳川家康が幕府を開いて以来、封建的武家社会は二百数十年の歴史を樹立してきた。周五郎はそうした歴史の中にあって懸命に生きてきた一人ひとりの人間に焦点を当てて小説を書き続けた。描く人物は、ある時は浪人であったり、ある時は商家の職人や丁稚であったり、また遊郭で働く女性であったりする。だがいかなる立場の人間であれ、その個々の人生に深く眼差しを注ぎながら、周五郎は、文学は、いつでも「人間性を追究する」という独自の文学使命を果たそうとしたのである。『正雪記』は、『樅ノ木は残った』と時代もほぼ同時期を扱っている。先の「幕府に一貫して流れていた基本政策というものは、家光以来の大藩取り潰し」という政策が、一六二〇年代以降、次第に幕府の必須の課題となってきた頃の、処理される側の浪人に焦点を当てたのが『正雪記』である。

作中、正雪がまだ久米と名乗っていた十五歳の頃に、工事現場で目撃したある光景が描かれている。その日、日雇労働に出た彼が、賃金の支払いを待っていると、一人の浪人者が武家を人足に雇ってはならないという規則を理由に支払いを拒まれ、浪人は「侍だって人間に変りはない、侍だって妻子を食わせなければならない、浪人して扶持にはなれれば、たとえ人足をしても侍だって生きてゆかなければならない、そうじゃないだろうか」と訴えるが、ついにとりあってもらえなかった。見かねた正雪が浪人に自分が手にした賃金の半分を渡すのだが、この時の出来事が、それまで自分が武士になり栄達することばかり夢見ていた考え方を変えた。以後正雪は楠木流の兵学を身につけ、十七歳の時に放浪の旅に出て様々な体験をする間に、ますます十五歳の時の体験を切実な問題として意識するようになり、その不条理に対して行動を起こす必要を感じるようになっていく。

進士慶幹氏は、徳川幕府がスタートして一六五一年の慶安の事変までに、取潰された大名は六十一に上り、生じた浪人数も十万五千人を超えたと調査している（『由比正雪』吉川弘文館）。島原天草の乱が生じたのは一六三七年、徳川幕府は一六一三年のキリシタン禁教令以後次第に厳しくキリシタンを弾圧していくが、島原天草の乱は過酷な年貢取り立てに反発したキリシタン達の一揆である。その島原天草の乱の戦場で、正雪は浪人救済の方策を幕府側の中心人物、松平信綱に進言した。だが、正雪の提案を、採用したかに見せてそれを利用し、集まった浪人たちを一気に殺害するという松平信綱の策謀にかかり正雪は裏切られた。憤りを強くして江戸に戻った正雪は民部正雪と名を改め、軍学者として、諸侯に講義をし、丸橋の道場で浪人たちに武術を学ばせ、来たるべき浪人救済のための施策実行への準備を進めていく。

その施策は、実行に至る前に先手を打たれ、正雪は殺されるが、周五郎は正雪七歳から四十六歳の非業の死までの彼の人生に共感しながら、一人の人間の時代の不条理に生命を賭して戦い続けた生き様を描ききった。そして作品の最後で、正雪に「これでいい、おれは充分に生きた」と思わせているところに、文学は「歴史のなかから人間性を吸収」し「人間性を追究する」と主張する周五郎の、文学にかける思いが凝縮して示されている作品だということができよう。

周五郎が、『正雪記』に島原天草の乱を取り入れた理由としては、周五郎自身少年のとき父親につれられて教会に通ったことがあり、その後もさまざまな形で聖書に接し、特に昭和三十四年には聖書に材を得た『ちくしょう谷』を書いているなど、長年持ち続けてきたキリスト教への関心が影響しているると推測することができる。正雪が天草へ行く心を固めたのは、一命を助けられた隠れキリシタンの部落で天地創造の話を聞き、夜空に輝く己の星を確信したあとだが、周五郎は、困難の中で己の意志を貫いて戦い通す正雪の足取りに、人間をさいなむ社会的制度と化していたユダヤ教を指弾し、社会的に弱い立場の人々に寄り添い続け、そしてついには十字架を負わされたキリストの影を見てはいなかっただろうか。

Ⅲ　近代文芸論考

島崎藤村における国際性と文明批評

一

藤村は明治三十七（一九〇四）年一月に、作中の主人公に海外への渡航を経験させる設定を用いた最初の作品『水彩画家』を発表している。藤村三十二歳、小諸義塾の作文教師として赴任して約五年が経過した時の作であるが、藤村自身はその時は未だ海外経験は持っていない。

藤村は明治二十（一八八七）年九月、十六歳の時、英語を学ぶことを求めて明治学院の一期生として入学した。明治学院は欧米の教育方法を実践し、教員も多数欧米人が担っていた。そうした環境であり、藤村の外国への思いも重なり、当然早くから欧米への旅も憧憬されたであろうが、例えば後年初めてフランスへの旅に向かった時のことを『海へ』の中でこのように回想している。

父上。私はあなたの黒い幻の船に乗つて、あなたの邪宗とせられ異端とせらるゝ教の国へ兎も角も無事に辿り着きました。この私の旅は恐らくあなたから背き去る行為であつたかもしれません。外来のものと言へば極力排斥せられ敵視せられた程の強い古典の精神をもつて終始せられたあなたが仮りに今日までも御存命で、子としての私を見まもつていて下さるとしたら、そもそも私が英語の読本を学び始めようとした少年の日にそれを私に御許し下すつたあなた自身の寛大を今さらのやうに後悔されたかも知れません。けれども私のために御心配下すつたあなたの心は長く私に残りました。そのあなたの心は私のたましいの奥底にとぼる一点の灯火のやうに消えずにありました。（略）私に取つては西洋はまだまだ黒船でございました。幻でございました。幽霊でございました。私はもつとその正体を見届けたいとぞんじました。そして自分の夢を破りたいとぞんじました。その心をもつて私は更に深く異郷に分け入り一筋の自分の細道を辿り行かうと致して居りました。（「地中海の旅」六[1]）

フランスへの旅は大正二（一九一三）年、藤村が四十二歳になってからである。長年憧憬してきた外国への旅を実現した深い感慨が記された文章であるが、明治学院に入学し「英語の読本を学び始めようとした」頃から長い年月の間、強いあこがれを抱いてきた欧米への夢であったが、一方、国学の思想に傾倒して生涯を過ごし、尊王攘夷の思想をよしとしてきた父の教えを守って、〈欧米〉への思いは何処までも憧憬の世界として心の裡に閉じこめてきた。例えば、藤村は、明治二十六（一八九三）年一月から七月にかけて、京都から大阪、神戸、四国高知、吉野をめぐる関西漂泊の旅をしているが、

その時に神戸の港を見下し、はるかかなたの欧米を憧憬した思い出を後年、渡仏直前に刊行した『眼鏡』（大正二年二月）に於いて

・さん〳〵旦那も歩いて、いくらか草臥れました。そこで須磨にある漁師の家を借りまして見物かた〳〵足を休めました。名高い一の谷も近くにあります。一の谷の合戦なんてよく言ふぢやありませんか。あそこです。須磨には敦盛蕎麦だの、光源氏の墓だの、須磨寺の青葉の首だの、種々な物がありましたが、明るい海を眺めた方が私は退屈しませんでした。（『眼鏡』（大正二年二月）六）

・白―赤―黄―神戸は大きな港だけに、澤山蒸気汽船や、帆船や、荷船、小舟なぞの集って居るのを見ると、種々な色が港の内にありました。それから、ツン〳〵立って居る帆柱だの、ピカ〳〵光る青い波だの（『眼鏡』七）[2]

と書きとめている所からも、藤村が若き日の明治二十六年の神戸への旅の時に「ピカ〳〵光る青い波」の彼方の欧米への旅を遠望していたことを推測することが出来よう。

藤村の初めての海外体験、ヨーロッパへの旅が実現したのは関西漂泊の旅で神戸の港から遠望した時からでも二十年が経過してからのことになり、『海へ』「地中海の旅」が示すようにその長い間一貫して仰望し続けてきたことを考えれば、明治三十七年三十二歳の時に『水彩画家』を執筆しているこ

とは注目されることである。

『水彩画家』は、小諸義塾の同僚丸山晩霞の渡米と帰朝をモデルにしており、晩霞が、小説の主人公が自分であるにもかかわらず人物像があまりに自分と違い過ぎるという抗議文を「中央公論」に発表したことはつとに知られているが、確かに藤村の軽率さは否めないとはしても、主人公鷹野伝吉は事象としては丸山晩霞の渡米体験を素材にしてはいるが、それよりも伝吉の人物像は藤村自身の心情を中心にしており、後に『家』で再び描いた妻との間で新婚間もなく生じた夫婦間の問題も詳しく描いており、その意味でも、藤村自身が晩霞の抗議に対して「モデル問題が（略）丸山君のごとき親しき人々の手により提供されたことを羞じた」としながらも「けれども私は行ける処まで行つて見るより外に、自分の取るべき道は無いと思つた」と決断したことも納得のいくところである。藤村はこの『水彩画家』のすぐ後に、飯山町真宗寺住職井上寂英の娘婿藤井宣正の英国、インドでの体験を材料にした『椰子の葉蔭』を書いているが、同時期に主人公が欧米を旅する『水彩画家』や『椰子の葉蔭』を続けて書いている心情には、藤村に於いて長い間潜めた憧憬として抱き続けてきた欧米への旅がこのころに特に強く意識されていたことも推測できるのである。そして、その憧憬のあり方としては、例えば鷹野伝吉が一年間ヨーロッパをはじめとして世界の各地を旅して帰国し、六十日余りの航海を経て小諸の街へ戻ってきたところから始まる作品が、はじめに伝吉の心境を次のように書きとめている点に注意しておきたいところである。

新しい生涯は開けた。

過去を考へると、自分の境遇は悲惨で、貧しい寂しい月日を送つて居た為に、伸(の)したいと思ふ羽も伸すことが出来なかつた。新しい家庭、新しい交際、新しい画室、新しい製作――何といふ美しい思想(かんがへ)だらう。現世の歓楽の香を放肆(ほしいまま)に嗅ぐ時は、今到着した。斯う考へて、伝吉は此山家に帰つて来たのである。(傍線細川、以下同じ)(『水彩画家』壱)[3]

洋行を経験して帰国した伝吉が、そのことによって過去の「貧しい寂しい月日」を一掃して新しい芸術の人生が開けるという期待に胸を膨らませて、夢に満たされて帰国したことをまずうかがわせるのである。更に、

漠然とした幸福(しあはせ)な空想に手を引かれて、伝吉は北佐久の谷を彷徨(さまよ)つた。(略)到るところの杜も林も、豊富な画材を眼前に展げて居た。伝吉は餌に餓ゑた若鷹のやうな鋭い眼付をして、其処此処と彷徨ひ歩いた。彷徨ひ歩き乍ら、風景に向かつて宣告を与へた。

『なあに、画いて見せる。――きつと画いて見せる。』

斯ういふ時には、きまりで仏蘭西の名高い田園画家を憶出して居た。

新しい画室と住宅を建てる為に、伝吉が見立てた場処といふは、新町の町はづれ――とある岡の上。もとこの岡の上は桑畑。(略)こゝを新築の地と定めたは、野趣を好む伝吉の心に深く適

つたからで。
伝吉は又、この新しい住宅(すまひ)を飾る為に、古今の名画の写真、遍歴した画堂の目録、美術史、美術家の伝記、瑞西(スイス)の木彫、独逸(ドイツ)の花瓶、倫敦(ロンドン)の置時計、亜米利加の人形、（略）港々の絵葉書などを蒐(あつ)めて来た——別に巴里の絵扇一本、其はお初に持たせて見るつもりで。（『水彩画家』壱）

と記しており、伝吉は渡仏体験によって身近に感じるようになった「仏蘭西の名高い田園画家」を思い出し、自分もあのような画を「きつと画いて見せる」と意気込み、そのためにはまず形から整えようとして「新しい画室と住宅を建て」なければと考えるのである。そのように洋行帰りの自分には特別な視野が広がり、新たな芸術の力が備わっていると信じ、これからの芸術に対する夢に心が奪われていくのであるが、しかし、ある時、実生活において妻の初子のかつての婚約者へあてた手紙を発見してから状況が一変する。そして伝吉は激しい嫉妬の中を煩悶するのである。

あゝ、新しい家庭も、新しい交際も、新しい画室も、あたらい製作も——すべて空の空に思はれた。六十日あまりの航海の間、毎日のやうに考へて楽しんで来た新しい家庭、その生活を始めてから今日迄に、果して何が残つたであらう——たゞ後悔の涙ばかり。新しい交際には何が残つた——離別の嘆より外に残るものはない。新しい画室は物置になつて、新しい製作は嘲罵(あざけり)の種。（『水彩画家』拾壱）

妻の心を知ったことでそれまで意気込んでいた洋行帰りとしての未来への夢が一気に瓦解してしまうほどの苦痛に陥るのであるが、しかし、伝吉のそのような精神的な弱さは、初めから母親には見通されていた。次の箇所がそのことを示している。

伝吉が洋行から帰って新しい希望と夢になかば有頂天になって、連日客を呼んで祝いの宴を開いている時に、母親は伝吉の妹お勝との会話で、お勝が、

『だつて左様ぢやごはせんか。まあ、洋行前と比べて御覧なされ。奈何(どんな)に兄さんも幸福(しあはせ)、姉さんも幸福だが――私も嬉しくて――私も嬉しくて涙がこぼれた。』

と、兄が洋行したことに酔う姿に幸福を感じるお勝に対して、

『しかし、おめへの言ふのは表面(うはべ)ばかりだに。』

『あれ母親(おつか)さんは直に左様(さう)言ひなさる。ほゝゝゝ私に言はせると、第一沈着(おちつ)いて来なさりやした。それにあの挨拶振りには魂消(たまげ)た。洋行して來ると、違いやすはな。』

『私(おれ)は又、変つて帰つて来たとは思はねえ。』

と言い、更に次のように言い切るのである。

『それだから、おめへの目は未だ若えわさ。去年の秋まで無暗に世の中を悪く言つて見たり、高い山に登つて野宿をして見たり、深夜に剣を抜いて詩を吟じて見たりした兄さんと、今年の秋洋服を着こんで、葉巻を咬へて帰つて来た兄さんと——ねつから内部は違はねえ。去年の秋は彼方の極端なら、今年の秋は此方の極端だ。（略）』（『水彩画家』弐）

帰朝後連日宴を設け、あたかも自分が洋行を経験したことで一躍躍進して芸術家として開花することが約束されているかのようにふるまってきた伝吉に対して、母親は伝吉は「彼方の極端」から「此方の極端」へ移動しただけで「ねつから内部は違はねえ」と断言するのであるが、実際母のその予想が的中したかのように伝吉は、その中で、かつての婚約者への手紙を見ただけで忽ち夢から覚醒して、妻への不信を募らせ、将来の成功が約束されていたかのようにふるまっていた芸術への気力すらも損なったかのような気持ちにさせていくのである。

『水彩画家』はそのように伝吉の洋行へのロマンが、妻の過去の恋人への手紙を見たというリアリズムに脆くも屈していく作品であるが、しかし、この作品の肝心なのは夢からの覚醒そのものではなく、それによって伝吉がとった行動の方により注目すべきであると考える。つまり作品末部において伝吉を描いた次の描写である。

家庭の解散もまあ見合せることにしたと言出した。其を聞いた時のお初も奈何に胸から石の落ちたやうに感じたらう。この無邪気な妻はホツと溜息を吐くのであつた。

同じ夫婦の第三の結婚――といふことが人の一生に言へるものなら、それは是夏の朝の二人の情である。去年の新しい生涯も、今年は最早旧い生涯と成つた。伝吉は復た別に新しい生涯を尋ねて此世の旅に上る人となつたのである。(『水彩画家』拾弐)

即ち、妻の手紙を発見した当初は、「吾家は解散して」「漂泊の生涯を慕う」(四)と考えていた伝吉が、このように、行き詰った時に一切のものを捨てて独り漂泊の旅に出るのではなく、「家庭の解散もまあ見合せ」、現状を受け入れて苦渋の現実の中にとどまって、その「現実」の上に立って「新しい生涯を尋ね」ようとしている所である。先に引用した、洋行帰りの夢に酔う伝吉を冷めた目で見ている母親の言葉に振り返って問えば、この作品がはじめからこのような伝吉の展開を前提にしていることがわかる。そして、こうした伝吉の変化は、藤村の創作が詩から散文へ移行していく中で、ロマンチシズムからリアリズムへ展開していく視点として従来から指摘されてきている所であるが、ここで特に注目しておきたいのは、こうした状況において、それまでは欧米への旅と旅の成果のことを強く意識している主人公が、現実の「家」にまつわる問題に直面することで旅と外国への憧憬をいったん思い直して、現実に立脚した眼差しを採ろうとしている点である。

そのことに加えて、例えば、

丁度、流浪する旅人のやうに、伝吉は道傍の石の上に腰かけて、眺め入つた、眺め入り乍ら考へ沈んだ。（『水彩画家』四）

とあるように、伝吉が今直面していることを直視して改めて問おうとしているみずからの心境と、今起こっていることをじっと「眺め入る」姿が描かれている点である。この眺め入る姿の描写は『破戒』になると圧倒的に多くなるが、憧憬から凝視への意識の変化を示す態度として注目されるこの時期の藤村が、単に、自己の内奥を凝視することにとどめるのではなく、彼が青春時代から抱き続けてきた欧米に向けての憧憬をいったん覚醒させた形で留めることによって実態凝視への視点を明確にしようとしている点に注目する必要があると考えるのである。

二

明治三十七（一九〇四）年一月発表の『水彩画家』と同時期に『破戒』の執筆を開始した藤村は、明治三十九（一九〇六）年三月に緑陰叢書第三編として『破戒』を出版した。言うまでもなく『破戒』の執筆意図は、『破戒』執筆直後にあらわした「『破戒』の著者が見たる山国の新平民」に次のように記されているところから伺える。

> 信州の新平民のことで、私が見たり聞いたりした事実を、すこし話さう。
> 長野の師範校に教鞭を執つた人で、何でも伊那の高遠邊から出た新平民といふことで、心理学か何かを担当して居た一人の講師があつた。私が小諸の馬場裏に居つた時分、隣家(となり)に伊東喜知さんといふ小学教師をして居る人があつたが、氏は其人に会つたことがあるとの話だつた。頭脳(あたま)が確かで学問もあつて、且つ人物としても勝れて居たといふ。それから私は種々な人に会つて、其人のことを聞いて見たが、孰(いず)れも賞讃して居た。(中略)
> それから私は新平民に興味を有し、新平民の――信州の新平民のことを調べて見ようと思立つたのだが、それに就いて種々の不審を打たれた人もある。いかに信州が山国だからと言つても、貴様の言ふやうなことはあるまい。あまり誇大に過ぎるといふ人もある。私も東京に居る頃は彼様(あんな)なことはあるまいと思つて居たのだが、信州に行つて住んで見て解つた。(4)

藤村が小諸で住んだのは、小諸馬場裏のもとの士族屋敷だったが、その隣家に住む伊東喜知から聞いた大江磯吉の人生と、彼の悲劇を醸成した日本の歴史と社会の仕組みのことを綿密に調査したうえで『破戒』を執筆したことは夙に知られている。『破戒』は、瀬川丑松の運命の〈真〉を描いたリアリティにおいて自然主義の確立が評価される作品であるが、「「破戒」の著者が見たる山国の新平民」にうかがえるように、作者の知った信州地方における人間差別への批判と、実態認識における関心に裏付けられた作品であることも評価しなければならない作品である。そこにも藤村の批評精神の一端が窺えるところである。

続く『春』が、明治二十六（一八九三）年から二十九（一八九六）年にかけての日清戦争前後における藤村の内と外との不安定な時期の青春の彷徨体験を、作品を執筆している明治四十一（一九〇八）年の日露戦争後の、若者たちを中心にした不安定で混沌とした時代状況に重ねて執筆している点にも注目する必要がある。同年に発表された正宗白鳥の『何処へ』が示すように、日露戦争後軍国主義政策が進められ、戦後の国民が自意識に目覚め自主と独立精神が醸成されてきている状況に対して、一方で大逆事件の発生が端的なように、むしろそうした国民意識を弾圧していく傾向を強くする時代の中にあって、その時代に翻弄される青春群像と対峙させながらそこに〈春〉のきざしを求めようとした『春』は、自然主義文芸の代表作品であると同時に文明批評の意識がリアルに示された作品としても注目される。

次の『家』は、『家』の新刊予告で

事は二大家族の運命に関し、時は十二年の間に亘る。すべて家内生活の光景にあらざるはなし。親と子、夫と妻、兄と弟、叔父甥、叔父姪、従兄弟同志、義理ある姉弟、其他親族の間に隠れたる男女の関係は読者の眼に映ずるものあらん。(5)

と書き留めたように明治三十一（一八九八）年夏から執筆時の明治四十四（一九一一）年六月までの十三年間に及ぶ作品の舞台はすべて小泉と橋本の二大旧家の家の中に生じた出来事として展開している。この明治四十年代はまさに、先に触れた大逆事件の嵐が吹き荒れた時であり、その厳しい取り締まりの中で藤村が屋外に起こったことを一切遮断して「屋内の光景にのみ限」って描こうとしたことはその作品構成と時代状況の対比においても見逃せないところであり、執筆時のそうした国家権力による弾圧によって閉塞された時代状況を背景に考えれば、作品が、日本の近代化の動きに取り残されていこうとしている旧家を素材にして、封建時代の旧弊な価値観にしばられその困難の中で前に向かって進んでいくべき前途を見失い、或いは希望を断たれていく旧家にまつわる群像を見据えて描かれているストーリーはまさに藤村の優れた時代批評、文明批評の眼差しでつらぬかれた作品であると評価することが出来よう。また、作中三吉が姉の家で黒船の図を発見する次の場面である。

（略）先祖が死際に子供へ遺した手紙、先代が写したらしい武器、馬具の図、出兵の用意を細く書いた書類、その他種々な古い残つた物が出て来た。

三吉はその中に「黒船」の図を見つけた。めずらしさうに、何度も〳〵取上げて見た。半紙程の大きさの紙に、昔の人の眼に映つた幻影（まぼろし）が極く粗い木版で刷つてある。

「宛然（まるで）――斯の船は幽霊だ。」

と三吉は何か思ひ付いたやうに、その和蘭陀船の絵を見ながら言つた。

「僕等の阿爺が狂に成つたのも、斯の幽霊の御陰ですネ……」と復た彼は姉の方を見て言つた。

お種は妙な眼付きをして弟の顔を眺めていた。

「や、こいつは僕が貰つて行かう」

と三吉はその図だけ分けて貰つて、お雪の手紙と一緒に手荷物の中へ入れた。


（『家』下九[6]）

大逆事件という時代のあらしを背景にして、日本の封建的な家の実態をリアルに表現しているとして評価される『家』の中で、こうしてかつての父に纏わる出来事として、近代日本の幕開けをもたらすきっかけとなった一八五三（嘉永六）年の黒船の来航を取り入れているのは、『家』執筆の藤村にとってその時〈家〉の外で吹き荒れ国民を震撼させた大逆事件の渦中にあって、そのような強硬な国家権力を用いて国民と乖離した困難な時代を誘引することになった遠因として、日本が黒船の来航以来、一方的な諸外国からの圧力に屈して開港を強いられたこと、そしてその中で長年の鎖国の弊害を背負ったまま出発を余儀なくさせられた日本の近代化の負の歴史を正しく把握し認識しなければいけないのだという藤村の時代批評と文明批評の精神が強く息づいているという見方もできるところだと考えられる。

そうした藤村の時代と文明に対する批評への意識が、早い時期からから憧憬してきた欧米への旅が実現することでよりシビアさと鮮明さを増すことになったのが大正二（一九一三）年三月から五

（一九一六）年七月までの渡仏体験であるといえよう。この渡仏体験は、本稿の初めで触れたように、藤村にとっては長い間強いあこがれを抱いてきた夢の実現であったが、動機はともかくも現実にヨーロッパを旅し、三年余りもの期間滞在し得たことによる成果を、帰国して間もなくの「地中海の旅」をはじめとした『海へ』収録の紀行文において明確な口調で表していることは注目されることであり、何よりも帰国すぐにこのように書き表していることは、それだけに藤村において渡仏による収穫をひそかに確信する心情があることがうかがえると見る事ができるところである。その点において注目すべき指摘として今橋映子氏の次の指摘がある。

四十二歳という年齢で渡航した作家・藤村は、フランス語に特に堪能だったわけでもなく、実際の「留学生活」を送ったわけでも、現地の文化人と交流したわけでもなかった。従って、彼の『仏蘭西だより』の中に、フランス文化についての誤認や誤解、あるいは認識不足を指摘することは、たやすい。

しかし、今日の私たちがこの作品を読んで何よりも驚かされるのは、異文化に接した時の、しなやかな観察眼と、謙虚な姿勢である。そしてそれが何よりも良くあらわれているのが、彼がパリという「都市」そのものに向けるまなざしの中なのである。

更に、今橋氏は『平和の巴里』に「再び巴里の旅窓にて」と題して掲載している藤村の書簡形式の文章の次の一節を引用している。

今更申上げるのも異なものですが、私は無暗に西洋の文明に心酔して遥々当地まで出掛けて参つたものでは御座いません。巴里を賛美する為めに斯の机に対つて居るものでも御座いません。けれども自分等に起り易いセンチメンタリズムから万事小癪に触るやうな冷笑的の気分を離れたいと思ひます。感心されるだけ感心したいと思ひます。(中略)仏蘭西人ほど『スタイル』といふものを重んずる国民も稀でせう。古いロココ式の建築もルネッサンス風の公園も相集り相合奏して一の大きな都会美を形造つて居るやうな巴里へ来て見て、『スタイル』といふものが初めて意味のあるもののやうな心地も致します。斯ういふ文明を造り上げた人達の一人々々に就いて見れば随分無器用なと思つて驚くことが有る程です。それで居ながら、全体として為たことを考へて見ますと、ある一個の天才が動いて行つたやうな趣を示して居ります。

旅の窓から眺めた斯の町に対する私の想像は『近代の羅馬』といふやうなことに落ちて行きました。(7)

そして、今橋氏は「ここには、物静かな語り口ながら、深い確信をもって、異国の都市を造形している歴史と、都市計画の存在に気づき始めた「都市論者」藤村の誕生が見える。」と捉えている。今橋氏の指摘のように、藤村にはすでに「しなやかな観察眼と、謙虚な姿勢」が備わっていたことは認めるとして、さらにその上に、日本を離れ西洋フランスにおいて様々な形での異文化体験をすることによって、相対化のまなざしを強くし、より客観的な文明批評眼を獲得していったと見る事ができるところであろう。後に『新生』をあらわした時に、芥川龍之介が『或る阿呆の一生』において「老獪な偽善者」という言葉をもって批判したことに対して、藤村は

当時私は心に激することがあつてあゝいふ作を書いたものゝ、私たちの時代に濃いデカダンスをめがけて鶴嘴を打ち込んで見るつもりであつた。荒れすさんだ自分等の心を掘り起して見たら、生きながらの地獄から、そのまゝ、あんな世界に活き返る日も来たと言つて見たいつもりであつた。[8]

と書いている。「時代に濃いデカダンスめがけて鶴嘴を打ち込んで見るつもり」とはまさに、新生事件に対する深い懺悔の思いを抱きつつも、あえてこのことを世間に告白したのは、姪とのインセストの告白が主眼ではなく、大正七（一九一八）年をピークにした不況の嵐の吹き荒れる時代に対する提言をしようとした文明批評・時代批評の精神の表れを見ることもできるのではないか。そのように、かれが、待望の西洋の地に赴き、自己と、祖国日本を相対化する視点を明確にしえたことを確認しておくことが必要であると同時に、帰国に際しての藤村の確信もそこにかかわるのではないかと考えられるのである。

ところで、藤村のフランスでの体験を語るものとして『平和の巴里』の「音楽会の夜、其他」に次のような記事がある。

『欧羅巴へ来て見て、反つて自分の国の方に種々なものを見つけますね。自分の国の好いところを思ふやうに成りますね。』

斯ういふ話が当地に在留する人々の間によく出ます。それにつけても私は種々なことを思ひ浮かべます。例へば永井荷風君が仏人の研究に促されて十八世紀の日本といふものに多くの興味を寄せられて居ることなぞです。私は今あまりに旅らしい空気に包まれて居るのかも知れません。（略）

西洋の文明が入つて来るやうに成ってから、吾儕日本人は無闇と模倣を事とするかのごとく言はれ、吾儕自らまで時には無定見な国民のやうに思惟します。けれども吾儕の模倣性はやがて吾儕の柔軟性を証するのでは有りますまいか。模倣そのものは、そこに一種の独創を産まうとするものでは有りますまいか。私はまた近頃斯様な疑問に逢着して居ます。吾儕は非常に飽き易い国民のやうに自ら考へて、朝には何を迎へ晩には何を迎へるといふことがよく言はれるけれども、斯く吾儕が飽き易いのは一体何の為でせうか。西洋から新しく入つて来たものは万事が合埋的であつても、長い間には存外見飽きのするやうな物が多いのでは有りますまいかと。明治以前のことを想像して見るに吾儕の先祖がそんなに物に飽き易い人達であつたとは、奈何

しても私には思はれません。（『平和の巴里』「音楽会の夜、其他」二）[9]

ここには、渡仏体験が彼を西洋への新しい発見にいざなっただけでなく、自国に対する再認識、再発見をも促された心情が示されている。藤村は「あまりに旅らしい空気に包まれて」いて観念的に考えているかもしれないと断っているが、ここで藤村が取り上げた日本人の「模倣性」に対しては、これまでは日本の近代化の遅れに対する認識からマイナスの面において用いられることが多かったのだが、しかし藤村は、自身で西洋を体験して、西洋と日本の文化を対比させる視点で改めて眺めなおすことによって、「吾儕の模倣性はやがて吾儕の柔軟性を証するのでは有りますまいか」と肯定的にとらえ、西洋に対しても「西洋から新しく入つて来たものは万事が合理的であつても、長い間には存外見飽きのするやうな物が多いのでは有りますまいか」というように対等もしくは客観的な批判の視点で示している。この「模倣性」に対するとらえ方の変化は一例であるが、ここからも藤村の渡仏体験が彼の批評精神をかなり活発にさせていることがうかがえるところである。

そうした日本への客観的な認識眼に於いて注目したいのは、次の視点である。

『僕は斯様な風にも考へる。印度や埃及（エジプト）や土耳其（トルコ）あたりには古代と近代としか無い、と言つた人の説には全く賛成だ。幸ひにも僕等の国には中世があつた。封建時代があつた。長崎が新嘉堡（シンガポール）に成らなかつたばかりじやない、僕等の国が今日あるのは封建時代の賜物ぢやないかと思ふよ。

見給へ、日本の兵隊が強いなんて言つても、皆な封時代から伝はつて来たものの近代化だ。（略）』

（「故国を見るまで」十二）[10]

この、日本の「中世」「封建時代」に対する歴史認識は、藤村にとってかなり大きな発見だったと言えるが、具体的には、『東方の門』で次のように表現している所と対比すれば明確である。

青山半蔵等には中世の否定といふことがあつた。もとよりこの国の中世期に於ける武門幕府の開設に伴ひ王権の陵夷は争ひがたい事実であつて、尊王の念に厚い平田派の学者達が北条足利二氏の専横を許しがたいものとしたのは、当然のことであつた。（中略）日本民族の純粋な時代を儒仏の教の未だ渡来しない以前に置いた国学者等が、ひどく降つた世の姿として中世を考へるやうになつて行つたのも、これまた自然の帰結であつた。[11]

青山半蔵は言うまでもなく『夜明け前』の主人公と同名であり、藤村の父に対する理解が反映している。『夜明け前』では、半蔵の「中世の否定」の考えを次のように記している。

「王政の古（いにしへ）に復することは、建武の中興の昔に帰ることであつてはならない。神武の創業にまで帰つていくことであらねばならない。」

その声こそ彼が聞かうとして待ち侘びてゐたものだ。(12)

『夜明け前』は昭和に入って書かれた作品であるが、藤村が大正時代初期にフランスから帰国して間もなく執筆した「故国を見るまで」ですでにこの「中世の否定」という「父の思想」を否定する考えを表していることは注目されるところである。藤村は、自ら外国にでかけ、日本を西洋から、そして世界の動向の視点から相対化して見る機会を得たことで、父の時代の主張を改めて問い直して、そして父の思想とは異なる考え、即ち、今日激動の中を超克して日本が日本たりえているのは日本が強固な「中世」という時代を有し、その中世の封建時代からの歴史と伝統がしっかりと守られてきたからだということを発見し、「何一つ日本に好いものがあるか、何一つ世界に向つて誇り得るものがあるか」と自国を批判的に見がちの現代の日本人たちに対して、日本には「封建時代の賜物」としての「中世」という時代があったことを認め、誇りに思うべきであるということを国民が認識しなければいけないという考えを明確にしていることに注目しなければならないであろう。藤村の批評眼の最も注目される一点であろう。

この「中世」については『東方の門』において、更に、

五ヶ月もの長さに亙る冬季の日本海の活動から、その深い風雪と荒れ狂ふ怒涛とから、この島国を護る位置にあるのも、あの海岸の岸壁である。(中略)この腰骨の強さこそ、北支那から

も南支那からも大陸的なものを受けとめることの出来た祖先の姿であらう。西洋よりする組織的で異質な文明の開発と破壊とに対することの出来たのも、またこの腰骨の力と言ふことが出来よう。

古代と近代とを繋ぐこの国の中世はそこに隠れてゐた。(13)

と述べている。日本人の「腰骨の強さ」こそ日本が「古代と近代とを繋ぐ」「中世」を有してきた賜物であり、その「中世」という歴史の賜物によって日本が今日まで西洋や大陸に抗して日本たりえてきたのであるとしている一文であるが、まさに藤村の文明批評の眼差しの結晶として評価できるところであろう。

こうした『東方の門』にしめされた藤村の確信は、昭和十一（一九三六）年九月にアルゼンチンのブエノスアイレスで開催された第一四回国際ペンクラブ大会に出席するために七月から翌年一月にかけての五ヶ月近く旅した海外への旅が大きな影響を与えたことも見逃せない。この旅はケープタウンを経由してブラジルに渡ってからブエノスアイレスに着き、国際ペンクラブ大会に出席し、帰路はアメリカにわたり、二十年ぶりのフランスも訪れている。この旅については昭和十二（一九三七）年五月から十五年一月にかけて発表した『巡礼』に詳しく書かれているが、特に『巡礼』の最後に、海外を旅した眼差しで日本を振り返り、「延び行く自分等の国の力を過小視するほど危ないことはない。海外同じやうに、それを過大視するほど危ないこともない。」とし、そして「内にはもつと自分等の持つて生れたものを延ばし、外は諸外国の侮りを防がねばならない。[14]」としている点は『東方の門』における「腰骨の強さ」を強調する日本観に通じる重要な認識である。

『東方の門』は、そうした藤村の国際的視野においての日本認識であり、日本の文化文明のありようを東西文化・思想の対比において壮大な文明批評を繰り広げた岡倉天心が残した書物に学びつつ総合的な視点で書こうとした重要な作品であった。『東方の門』は昭和十八（一九四三）年一月から「中央公論」に発表が開始され、八月二十一日に第三章を執筆中に脳溢血の発作で倒れて中絶された作品である。藤村はそのまま昏睡、二十二日に帰らぬ人となった。最後の作品となったこの作品にかける藤村の思いが示されたのが「東方の門を出すに就いて」である。

長いことわたしも黙し勝ちに日を送つて来たから、さだめし読者諸君の中にはめづらしく思つて呉れる方もあらう。作者としてのわたしは、日頃の自分の願ひとしても、成るべくやさしい言葉でこれを綴るであらうと言へるのみで、これが小説と言へるかどうか、それすら分らない。すべては試みである。ともかくも書いて出て見る。実はこの作、戦後にと思つて、その心支度をしながら明日を待つつもりであつたが、かねて本誌編集者に約したことも果したく、いさゝか自分でも感ずるところあつて、かく戦時の空気の中でこの稿を起すことにした。周囲を見れば、親近の青年等まで修業期間を短縮し、銃後にあるものも皆各自の生存のために戦ひつゝあつて、眼に触れ耳に触るゝもの人をして深省を発せしめることばかり。戦争が長引けば長引くほど時局はます〳〵重大性を加へて来た。こんなはげしい禍の中に立つて、筆執ることは一層身にしみるばかりでなく、今の自分の老弱に想ひ到れば実に何事も容易ではない。でも、あの昔の長道中に向ふ人達が旅立ちのやうに、わたしは荒々しく踏み立てることを慎まねばならぬ。他が一日で行ける路に三日も四日もかゝつても、心しづかにこの長い仕事を踏み出さねばならぬ。(15)

藤村は、世界戦争が終ってから書き出そうと考えて「その心支度をしながら明日を待つつもりであつたが」予定を変更して、「いさゝか自分でも感ずるところあつて」「戦時の空気の中でこの稿を起すことにした」のはいかなる理由であったのか。「親近の青年等まで修業期間を短縮し、銃後にあるものも皆各自の生存のために戦ひつゝあつて、眼に触れ耳に触るゝもの人をして深省を発せしめることばかり」と記したのはいかなる心情に基づいたものなのか。

いずれにしても「これが小説と言へるかどうか、それすら分らない」と述べ、また静子夫人に対しても「今度の仕事は実にむずかしい、『夜明け前』を書く時、冒険だと思ったが、更にそれより冒険だ」と言って書き始めたこの『東方の門』は、戦争が次第に深刻さを増していく中で、まさに作者の全てをかけた「行動」であり、それは、小説家としての使命感と云うよりも、もっと、根本の、日本人としての緊迫感に於いて、日本の現在と未来を案じる作者の、切迫していく戦時下にあって、それでも、改めて、「西」に対する「東」の「門」として日本が真に「活きかえる」ための可能性を求め、それを特に若者たちに一刻も早く訴えなければならないとして描き始めた作品であったと言えよう。

残された創作ノート（「雑記帳」（い）（ろ））の膨大さから推測すれば、恐らく、全てが書き上げられたなら、藤村の、日本人論を基調にした壮大なドラマが完成したであろうと考えられる。吉本隆明が、「藤村はこの作品で、おそらく青春期以来いだきつづけてきた漠然たる自己の思想性に形を与えてもいいと判断した。（中略）痛ましいといえば、この作品は痛ましいと思う。」と述べているが、[16]見方を変えれば、藤村は今、東洋と西洋、日本と西洋における「東と西」の関係を、六十五歳になって南米ブエノスアイレスからアメリカ・ヨーロッパを旅した眼差しと、昭和十六（一九四一）年末から始まった第二次世界大戦の深刻な戦時下にあって獲得した相対化の視点に立って眺め直し、日本と日本人がこれからいかにあるべきかを鮮明にしようとした〈真〉に貫かれていたことが十分に推測できる作品だと言えよう。

藤村は『東方の門』を「これが小説と言へるかどうか、それすら分らない」と述べ、しかし力強く、日本の「中世」の存在を誇り、そして何よりも日本は、西洋に対して「東」の門であれと強調した。戦後書こうとして長い時間をかけてしたためていたものをこうして予定を繰り上げて急いで執筆を開始したのは、おそらく自らの人生の終焉を感知したのであろうかも知れないが、あえて「戦時の空気の中で」「稿を起」したのは、何よりも戦局が困難を極めてきた世界大戦の最中において、若者の精神を鼓舞し、〈東方の門〉としての自国と自己に対して誇りを持って生きる事を促そうとした、まさに文明批評家としての最後のチャレンジがこの作品に凝縮されていると見ることが出来るのである。

註

（1）『海へ』「地中海への旅」（大正六（一九一七）年六月・十月「中央文学」）、『藤村全集』第八巻、筑摩書房、昭和四十八（一九七三）年九月十日、六三～六四頁。
（2）『眼鏡』『藤村全集』第五巻、一六三頁、一六五頁。
（3）『水彩画家』『藤村全集』第二巻三一一頁。以下『水彩画家』の引用は同書による。
（4）「『破戒』の著者が見たる山国の新平民」『新片町より』明治四十二（一九〇九）年九月、『藤村全集』第六巻、七七～七八頁。
（5）『家』新刊予告　明治四十四（一九一一）年十月一日、「白樺」第二巻第十号。
（6）『家』（下九）『藤村全集』第四巻、三八一～三八二頁。
（7）今橋映子「都市論者・島崎藤村―パリ滞在と「公園」論の位相」『島崎藤村　文明批評と詩と小説と』双文社出版、一九六六年十月、三八頁。
（8）「芥川龍之介君のこと」昭和二（一九二七）年十一月、『市井にありて』所収、『藤村全集』第一三巻、五四頁。
（9）『平和の巴里』「音楽会の夜　其他」（大正三（一九一四）年四月二十六日）、『藤村全集』第六巻、二九七頁。
（10）『海へ』「故国を見るまで」十一、『藤村全集』第八巻、一二一頁。
（11）『東方の門』第三章五、『藤村全集』第十四巻、一一八頁。
（12）『夜明け前』第一部第十二章六、『藤村全集』第十一巻、五三一頁。
（13）『東方の門』第二章六、『藤村全集』第十四巻、九八頁。

（14）『巡礼』「故国の島影を望むまで」『藤村全集』第十四巻、三二九〜三三〇頁。
（15）「東方の門を出すに就いて」『藤村全集』第十四巻、五頁。
（16）吉本隆明「「東方の門」私感」「文芸読本島崎藤村」河出書房新社、昭和五十四（一九七九）年六月、五九頁。

遠藤周作文芸とキリスト教──『沈黙』に至る道

一

遠藤周作は一九二三（大正十二）年東京巣鴨に生れ、三歳の時父の転勤で満州大連に移り、一九三三（昭和八）年両親の離婚に伴って帰国し、神戸市六甲の伯母の家に同居するようになった。母親が、離婚の不安と寂しさの中でキリスト教に救いを求めるようになり、遠藤がその母親の進めにしたがってカトリック教会で洗礼を受けたのが一九三五（昭和十）年、遠藤十二歳の時だった。後に遠藤は

小学校のころ、両親が離婚して、母親が離婚した後の苦しさを宗教で満たそうという気もあったんでしょう。母の姉がカトリックだったので、教会に行くようになって、洗礼を受けました。当然、兄と私とはイヤイヤ教会へ行ったわけです。（『私にとって神とは』光文社、一九八三年六月二十五日、六頁）

と回想しているように、彼は母親に無理に入らされたキリスト教がいやでたまらなかった。

しかし、元来母親思いの遠藤は、

たぶん私は、母親に対する愛着が非常に強い男なものだから、母親が一所懸命だったものをむげに棄てるというのは、母親に対して申し訳ないという気分が、どこかにあったのです。母から与えられたものを棄てるのは親不孝になるという感じなのです。母親が一所懸命それで生きてきたものをおれに与えてくれたのに、それをおれがよく勉強もせず、考えもしないで棄てるのは、母親に対して申しわけないという感じが心の中にあって、自分でも一所懸命にならねばという考えが、どこかにありました。(『私にとって神とは』前掲書、十頁)

と述べているように、嫌いでたまらなかったキリスト教、逃げてばかりいたキリスト教をいつしか真剣に考えるようになり、やがて

母親がくれたこの洋服を、おれの身体に合った和服に仕立て直してみようと考えるようになったのです。キリスト教というのは、私にとっては身によく合わない洋服なのです。(略) このキリスト教を日本人の身体にあった和服にしてみよう、そして、それができなかったときは、さよ

うならと言っても、母親が許してくれるだろうという気が、一挙にではなく、少しずつ少しずつ起きてきたわけです。(『私にとって神とは』前掲書、十一頁)

という心境になったと回想している。即ち、西洋の、キリスト教中心の精神風土に対して、日本の、キリスト教を受け入れがたい汎神論的精神風土との違いを明らかにするとともに、どのようにすれば、日本という精神風土に於いてキリスト教が根を下ろして、信仰が広まっていくことが出来るかを真剣に考えていこうとする決心に至ったのである。

遠藤は、日本という精神風土にはキリスト教を受け入れない感覚が有ると常々言っている[1]。たとえば、『沈黙』の中で、いわゆる「沼地論」として屢々指摘される「日本という国にはどんな良い苗を持ってきて植えても、根から腐らせてしまうか、全く違ったものに変質させてしまう」という考え方を示しているが、彼は日本の精神風土に対するこのような考え方を早くから一貫して持っていた。

日本にキリスト教が伝達されたのは、古くは一五四九(天文十八)年にスペイン人フランシスコ・ザビエルが鹿児島に上陸して以来とされている。ザビエルは二年三ヶ月のあいだ日本に滞在し、その間西日本各地で布教活動を行い約七百名の信者をもたらせたが[2]、以後、織田信長や豊臣秀吉が一時、キリスト教を奨励したときがあったことも影響して、全国に優れたキリシタン大名や沢山の信者が生まれ、一六〇〇(慶長五)年のはじめには信者は一節には九十万人ともいわれる数に及んだ[3]。そのような歴史があるにもかかわらず、現在日本人の中でキリスト教信者の数はカトリックとプロテスタントを合わせても国民の一パーセントにも満たない。ザビエル来日以来の年数を数えても、遠藤が危惧する「キリスト教が育ちにくい風土」はまさに実証されていよう。そのような風土に於いて、どのように工夫すれば、即ち遠藤の言葉で言えばどのように「仕立て直す」ことができれば、日本人の中にキリスト教信仰が根付くことが出来るのか、遠藤の課題は、日本の精神風土との対立の中で展開されていったと言うことが出来る。

では、何故そこまで遠藤はこの問題にこだわるのか。そのことを考えるときに浮かんでくるのが、彼が若き日に書いた「カトリック作家の問題」の次の箇所である。

・カトリック作家は、作家である以上、何よりも人間を凝視するのが義務であり、この人間凝視の義務を拋擲する事はゆるされない。

・カトリック作家は「人間存在の最も内部的なものを凝視し」「近代生活の額縁におさまった共通な外観の彼方に一人の人間が他の存在におきかえられぬ独自な魂に光をあてる」ために作中人物の魂の秘密、その罪、その悪さえ直視せねばなりません。(「カトリック作家の問題」「三田文学」一九四七年十二月)

とのべ、更に「神々と神と」において、

カトリック者の本来の姿勢は、東洋的な神々の世界のもつ、あの優しい受身の世界ではなく、戦闘的な、能動的なものです。（中略）

カトリック文学とは、こうした人間の戦闘や、歓喜や苦悩を描くものです。しかもカトリック文学は、文学である以上、その重心を人間におくのであって、決して天使や神におくのではない。

（「神々と神と」「四季」五号、一九四七年十二月）

として、カトリック作家の義務として人間を凝視し、自らの信仰にたって人間の「独自な魂に光をあて」、東洋的汎神世界の受け身から脱却することを目指さなければならないと言うことを表白しているといえる。言い換えると、カトリック作家の責任として宗教と文学の問題を追及し、特に東洋的、そして日本に於ける汎神的風土にあってキリスト教信仰の可能性を明確に問うていかなければならないという意志が込められたものと言うことも出来よう。そしてそこにおいて一貫した遠藤文芸のテーマが定まったと言うことも出来るであろう。

二

一九五〇（昭和二十五）年フランス留学に出発した遠藤は、肺結核のため一九五三（昭和二十八）年に帰国した。そのことについて後に、次のように述べている。

私は戦後間もなく留学生としてフランスへ行って、そこで病気になってしまったのです。(略)こういう病気になったのは、西洋の中にゆるぎなく存在しているキリスト教がおれをこんなに圧迫しているからだ、右を見ても左を見ても、教会とかキリスト教とかいう感じの世界だったから、それでおれは身体を悪くしたんだ。そこから逃れたほうが身体が回復する、というような感じが強かったから、その時はキリスト教について真剣には考えませんでした。(『私にとって神とは』前掲書、一一～一二頁)

留学は途中で断念しなければならなかったが、「西洋の中にゆるぎなく存在しているキリスト教」と直面した遠藤のフランス留学は、帰国して本格的に作家活動を開始したときに大きな影響を及ぼした。そして、もう一つ大きな出来事は、帰国した年の十二月、母が脳溢血で亡くなったことである。臨終に間に合わず、幼いころから愛着を強く持っていた母の孤独な死は遠藤にとって後まで影響をもたらすこととなった。

遠藤が作家として評価されたのは、一九五五(昭和三十)年七月に『白い人』で芥川賞を受賞してからだが、この『白い人』では、フランス人を父に、ドイツ人を母に持つ主人公が、熱心な清教徒である母による厳しい禁欲主義教育への反発をいつも心に持っている人物として設定されている。そして彼は意識的に悪を試みて、悪が実行されることによって、その向こうに何が存在しているのかを問おうとしている。しかし、その為に徹底して拷問を加えた神学生のジャックが拷問の途中で自殺をしてしまったため、その向こうにあるものが問えない状態になったところで作品は終わる。悪が存在するなら神も存在する。遠藤が問おうとしたのもその神の実在の問題だったのであるが、母の存在と彼女への反発、そのかなたに神を見ようとする視点に、母から与えられたキリスト教を課題にして出発した特徴であり、母の死を契機に本格的小説を世に出した遠藤文芸の特徴を見ることが出来よう。

『白い人』の主人公は、ヨーロッパ人で、その彼に課せられた「悪と神」のテーマは、日本とか東洋に限られたことではなく、人間としての根本的課題であった。その路線で遠藤が小説を書き続けていれば、もっとグローバルな作家になりえたかもしれないが、続いて同じ年の十一月に発表した『黄色い人』では、テーマを、黄色い人、即ち東洋人である日本人がその汎神論的精神風土ゆえに西洋のキリスト教や罪の問題が受容できずに彷徨している姿に視点をさだめて描いている。たとえば次の箇所である。

私はキミコをゆさぶりながら叫んだ。「なぜ、黙ってます。わたしはブロウを裏切った。八年の間恵みをかけてくれた男をユダのように売りました。憎みなさい。なぜ、わたしをその眼でみますか」大声をあげて私は嗤った。嗤いながら鏡台にうつっている自分の顔に気がついた。「どうでもええんよ。どうせあたしには、あなたみたいな西洋人のように教会ってなにか、わからへんし、馬鹿な女ですさかい。」

キミコは、私にゆさぶられて乱れた髪を直しながら呟いた。「なぜ、神さまのことや教会のことが忘れられへんの。忘れればええやないの。あんたは教会を捨てはったんでしょう。ならどうしていつまでもその事ばかり気にかかりますの。なんまいだといえばそれで許してくれる仏さまの方がどれほどいいか、わからへん。」(「デュランの日記」十二月十八日)

日本人のキミコにとってはキリスト教が唯一絶対の神ではないので、捨てたのならいつまでも拘泥せずに忘れればよいといい、私達が求めて拝めば受け入れて許してくれる仏のほうが良いという。それに対して背教神父のデュランはいつまでも神のことを怯え苦しんでいる。一神論世界と汎神論世界の精神風土の違いが端的に示された箇所として注目される。そして作品にはもう一人の重要人物千葉が登場し、「黄色人のぼくには、繰り返していいますがあなたたちのような罪の意識や虚無などのような深刻なもの、大袈裟なものは全くないのです。あるのは、疲れだけ、ふかい疲れだけ。ぼくの黄ばんだ肌の色のように濁り、湿り、おもく沈んだ疲労だけなのです。」といい、神を知らない日本人は〈罪〉の意識も持てないのだと訴える。そして〈ふかい疲労〉ばかりが自分を無気力にするのだと言う。それが遠藤の認識する日本人観といえばそうであるが、この作品の重要なところは、そうした現状認識を示しただけでなく、さらにデュランに次のように語らせ、この作品はまさに「洋服の仕立て直し」への試みを開始しているところに、意義があろう。先に引用した十二月十八日のデュランの日記の次の記述である。

布教以来十二年、今日はじめて私は異邦人の（つまり神を知らざりし者達の）倖せを知った。倖せかどうか、私は断言できない。だがキミコや昨日の千葉とよぶ青年たちの持つあの黄色人特有の細長い濁った眼の秘密だけはわかったような気がする。にぶい光沢をたたえた彼等の眼は死んだ小禽（ことり）の眼を思わせる。そのどんよりとした視線は私たち白人がなぜか不気味にさえ感ずる無感動なもの、非情なものがあるのだ。それは神と罪とに無感覚な眼であり、死にたいする無感動な眼だった。キミコが時々、唱える、あの「なんまいだ」は私たちの祈りのようなものではなく罪の無感覚に都合のよい呪文なのだ。

そして、クリスマスの午後、デュランは日記をブロウ神父に渡すよう託して自殺した。その日記を読んだ千葉が、作品の最後で次のようにブロウに書き送った言葉を示している。

爆撃が彼を殺したのではない。日記を僕に托した以上老人が自殺をしたような気がしてならぬのです。あの人がそのため貴方たちの神から、今、裁きをうけているか、それとも、裁きも罰もない黄いろい世界、疲れて目をつむるように、ただ、うつろな眠りに溶けこんだのか、しりません。だが、同じ白い人でもデュランさんのことならまだ、ぼく等には理解できるような気がします。しかし、貴方のように純白な世界ほどぼく等、黄いろい者たちから隔たったものはない。それがこの手紙をしたためさせた、理由になるかもしれません。

デュランに「今日はじめて私は異邦人の（つまり神を知らざりし者達の）倖せを知った」と言わせ、「キミコや昨日の千葉とよぶ青年たちの持つあの黄色人特有の細長い濁った眼の秘密だけはわかったような気がする」と感じさせ、千葉にも「同じ白い人でもデュランさんのことならまだ、ぼく等には理解できるような気がします」と言わせる。このデュランに「異邦人の倖せを知った」と云わせ、「ブロウ神父のような純白な世界は受け入れられないが、この背教者デュランのことなら日本人の自分にも「理解できる」かもしれないと千葉に実感させたことは何を示しているのか、長濱拓磨氏は「デュランに促された千葉の内面に生じた「白い人と黄色い人の距離感」」ゆえであると指摘し、それはまた日本人の「神なき人間の悲惨」を訴える声でもあったと述べている。[4] 果たしてそうであろうか。おそらく千葉に、デュランのことなら「ぼく等には理解できるような気がする」と語らせたとき作者が千葉を通して見据えていたのは、神にそむき、ブロウを裏切り、その悔恨の重さに耐えきれずに死を選んだ一人の人間としての苦悩の〈真〉であり、「白い人と黄色い人」の間にある溝を越えた、人間の祖形においての共感であり、デュランの絶望の対極に浮上する、人間の弱さゆえに不可欠な神の救いであったといえよう。即ち、『黄色い人』を通して遠藤は、西洋人の神観に対する日本人の神観と罪意識の有りようにおいて、どこまでも相容れないものとして断念するのではなく、人間としての視点に立つことで両者のあいだの通路を見つけることが出来るということを示しているといえるのである。作品『黄色い人』におけるこの認識から遠藤は、「洋服の仕立て直し」を、厳格な西洋のキリスト教に対して、許しと癒しを基調にした「母なる神」、「弱者の論理を受け止める宗教」の提案の可能性追求を文学の課題としていくようになったともいえよう。

三

そのような遠藤の「日本人に受容されるキリスト教」の提示という使命をテーマにした作品の中で、初期の代表作品は『海と毒薬』であろう。この作品は、戦争末期に日本のある大学で起こったアメリカ兵の捕虜に対する生体解剖実験を施した実際の事件を扱っているが、遠藤はこの題材について、次のように述べている。

書きたいと思っていたテーマは前からあった。その材料には目ぼしをつけていた。私はすぐに汽車にのり、九州、福岡に行き、仕事の準備をはじめた。戦争中にここの大学医学部で起った捕虜生体解剖事件を調べるためだった。私はその事件そのものを書く気持は毛頭なかった。私の内部にあるもので事件を変容させ、別の次元の世界に移しかえてみるつもりだった。(「出世作のころ」読売新聞夕刊、一九六八年二月五日〜十三日、のち『石の声』一九七〇年、冬樹社収録)

このように遠藤は、「事件そのものを書く気持は毛頭なかった。私の内部にあるもので事件を変容させ、別の次元の世界に移しかえて」新しい小説を書こうとした、と言っているように、この小説には、遠藤が日頃から考えている内部の問題がテーマとなっている。そのことはまず第一章「海と毒薬」の中に示されていよう。作品はまず、新宿郊外の新興住宅地に引っ越した「私」が、持病の気胸治療のため、勝呂という、腕はよいが何か陰気な雰囲気の医師を訪問して知るところから始まる。一方、その町で出会った人たちの中には、すでに戦争の罪も責任も風化させ、すっかり無味乾燥な日常生活に埋没したような日々を過ごしていた。しかし、洋服屋のショーウインドーの中のスフィンクスの像をじっと覗き込んでいる勝呂医師は、どこか暗い人を寄せ付けない孤独と翳りを感じさせる。その勝呂に関心を抱かされる「私」を通して作品は一人の人間の内奥に刻印されたぬぐい難い暗さに注意を集中させていく。しばらくして、結婚のためにF市に行った折りに、勝呂がかつて、九州の大学で起こった「捕虜生体解剖事件」に加わっていたことを知り、「私」が抱いた勝呂の不可思議な暗さがそのことと深く関わっていたことと、それを戦争の罪も責任も風化させ自慢話にさえ置き換えている人たちと対比させることで、作品が勝呂の内奥の有りようを見据えながら展開していることを明らかにしていくのである。

そして作品は「捕虜生体解剖事件」が生じた当時の時間にバックしていき、その事件に関わった勝呂ともう一人の若い医師戸田を中心に展開する。二人は、内科教室の助教授に勧められて実験に参加したのだが、勝呂は結局その出来事の間中、手術室の隅にうずくまっているだけで何も出来なかった。戸田は、助手として、実験に淡々と加わった。実験後の二人を次のように描写している。

勝呂は黙りこんだ。やがて彼は自分に言いきかせでもするように、弱々しい声で、

「お前は強いなあ。俺あ……今日、手術室で眼をつむっておった。どう考えてよいんか、俺にはさっぱり今でも、わからん」

（中略）

「でも俺たち、いつか罰をうけるやろ」勝呂は急に体を近づけて囁いた。「え、そやないか。罰をうけても当たり前やけんど」

「罰って世間の罰か。世間の罰だけじゃ、なにも変らんぜ」戸田はまた大きな欠伸をみせながら「俺もお前もこんな時代のこんな医学部にいたから捕虜を解剖しただけや。俺たちを罰する連中かて同じ立場におかれたら、どうなったかわからんぜ。世間の罰など、まずまず、そんなもんや」

だが言いようのない疲労感をおぼえて戸田は口を噤んだ。勝呂などに説明してもどうにもなるものではないという苦い諦めが胸に覆いかぶさってくる。「俺はもう下におりるぜ」

勝呂は「どう考えてよいんか、俺にはさっぱり今でも、わからん」と言い、苦しそうな表情をする。戸田は世間の罰は自覚するが「世間の罰だけじゃ、なにも変わらんぜ」と欠伸をしながら言う。しか

しその戸田も「言いようのない疲労感をおぼえて」「口を噤ん」だ。従来この作品を通して、遠藤が日本人に於ける「罪意識の不在[5]」、「「罪意識」の不在の不気味さ[6]」を示した作品であるといった見方が多くなされてきた。確かに、冒頭での、戦争体験における罪が風化されている人たちに、根本的な罪意識の欠如をみることも可能であろう。しかし、意識とは別に戸田と勝呂が感覚として受けとめている「疲労感」「けだるさ」「苦しさ」といったものが重要であり、そこに遠藤は日本人における罪の実感の可能性を示そうとしたのであろうと考えられるのである。そしてそれは、この作品の中での勝呂と戸田が屢々みる海の描写とも関わっていよう。端的なのは最後の勝呂と戸田が海を眺める場面である。

だが戸田は勝呂がそこだけ白く光っている海をじっと見詰めているのに気がついた。黒い波が押しよせては引く暗い音が、砂のようにもの憂く響いている。

「明日はまた、回診か」わざと欠伸をしながら、戸田はいかにも眠そうに呟いた。「ああ、しんど。ほんまに今日はしんどかったなあ」

勝呂が「黒い波」の「そこだけ白く光っている」一点を凝視しているのに対して、戸田は「黒い波が押しよせては引く暗い音」には気をとめるが、すぐに「わざと」欠伸をして日常のマンネリズムの中に自己を埋没させてしまおうとする。

勝呂にとって「海」は、

屋上にでるたびに彼は時にはくるしいほど碧く光り、時には陰鬱に黝ずんだ海を眺める。すると勝呂は戦争のことも、あの大部屋のことも、毎日の空腹感も少しは忘れられるような気がする。

というように癒しと救いを与えるものであり、特に「海が碧く光っている日」には、

羊の雲の過ぎるとき
蒸気の雲が飛ぶ毎に
空よ　おまえの散らすのは
白い　しいろい　綿の列
（空よ　おまえの散らすのは　白い　しいろい　綿の列）

の詩句を呟き、「涙ぐみそうな気分に誘われ」るのである。この詩句はすでに上総英郎氏が指摘している[7]ように立原道造の「雲の祭日」と題したキリスト教の聖体拝受の儀式にヒントを得た詩であることからも、口ずさむ勝呂の「涙ぐみそうな気分」には、清純な慰めと癒しを感得している心情が推測できる。しかし、手術に加わった後の勝呂が、同じように屋上に立って海を眺めながら口ずさもうと

したときには、口の中が乾いて、呟くことができなかった。佐藤泰正氏が〈白く光る海〉を見詰める勝呂の姿に、「『罪と罰』の可能性を問わんとした作家の誠実」を指摘しているが[8]、特に、手術後の詩句を呟けない勝呂が、心の深奥で人間の罪と対峙している姿を推測することは十分可能であろう。そして、「黒い波」の「音」に胸騒ぎしながらも「わざと」日常のマンネリズムの中に埋没させてしまおうとした戸田もまた、罪意識がもたらす「黒い波」に不安を抱き始めているといえるのではないか。ちなみに勝呂に「雲の祭日」の詩を教えたのも戸田である。また、病院の構内でポプラの樹の下で黙々とシャベルを動かす老人の存在に注目して「ポプラが死と再生のシンボルであり磔刑の十字架の材であったことを知れば、これが誰かは明白だ」と指摘した須浪敏子氏の視点も重要であり[9]、換言すれば、この作品は遠藤の分身ともいえる勝呂と戸田を通して「罪意識の可能性」を示し、そのことを通して遠藤は、日本人におけるキリスト教受容の道を、確かなものとして提示しようとしていると考えることが出来るのである[10]。

四

遠藤は、『海と毒薬』を書いてしばらくしてからいわゆる「軽小説」といわれている作品を書くようになる。その中でも特にすぐれているものが『おバカさん』（一九五九年）と『わたしが・棄てた・女』（一九六三年）である。

まず『おバカさん』についてであるが、この作品は、ナポレオンの子孫だという不思議な外国人ガストン・ボナパルトが日本に来日するところから始まる。遠藤は、この人物を「自分のキリスト」であるといっているし、[11]彼はまた中央公論社から出版された単行本(一九五九年)の「あとがき」で「一種の童話のような小説」としてこの作品を書いた、とも言っている。言い換えると、笠井秋生氏が「「おバカさん」は、距離感のあるキリスト教をどうしたら身近なものに出来るかという問題意識に基づいて書かれた遠藤の最初の小説」と指摘しているように、[12]より身近なものとして、よりリラックスした形で、素直に、人間のやさしさや、隣人愛、ゆるし、といったものを描いて、キリスト教への道を示そうとしたのだろうということが感じられる作品である。例えば次の箇所である。

・ガストンはこの老人たちにも、この老人の前にそっと手を出した今のねこ背の女にも、ふかい憐憫の情をおぼえていた。(略)ガードのむこうには昨夜のように無数の星がまたたいている。(あの星と同じ数だけの人間がこの地上に生きている)遠い海をわたったガストンにはこのことがよくわかるのだった。(あの星と同じ数だけの不幸や悲しみや辛さが地上にちらばっている……)

・ガストンはそうした人間のためになにかをしたかった。不器用は不器用なりに、のろまはのろまなりに何かをしたかった。

・「おれがガスさんが好きなのはね……彼が意志のつよい、頭のいい男だからじゃないんだよ。

弱虫で臆病のくせに……彼は彼なりに頑張ろうとしているからさ。おれには立派な聖人や英雄よりも……はるかにガスさんに親近感を持つね」

この作品ではガストンは最後に、人を助けようとして、かえって彼が沼に沈められてしまう。しかし、遠藤文学では、ガストンはその後『悲しみの歌』と『深い河』で再登場してくる。遠藤が愛した人物であり、遠藤にとっての信仰の証である「自分のキリスト」であるから、不死の人であり、遠藤が好んだイエス像、「同伴者イエス」としてキリストの愛を読者に示し続ける存在であったといえよう。

『わたしが・棄てた・女』では、森田ミツという主人公が、遠藤の「自分のイエス」役を演じる。この作品は、集団就職で上京した森田ミツが、ある雑誌の文通欄に投稿したことがきっかけで吉岡という青年に出会い、小児麻痺で足が不自由な吉岡に同情したミツが、吉岡に求められるままに肉体関係を持ち、棄てられるという展開で始まる。その後吉岡は会社に入り、ミツのことは考えない生活をしていく。ミツは、町工場から夜の仕事へと変わっていくが、ずっとあのときの吉岡の寂しそうな表情が忘れられず、気にかけ続ける。ある時、吉岡は自分の勝手な都合で、昔棄てたミツにもう一度会って、肉体関係を求めようと思い呼び出す。そのときミツの手の首に出来たアザを見て、恐ろしくなり医者に診せるように進めて、急いで逃げ去った。

大学病院でハンセン病と診断され隔離病院に入院させられることになったミツは、まさに「世の中から「見棄てられ」た」ような辛さと絶望感に襲われる。しかし、病院での精密検査の結果誤診とわかり、最初は喜んで病院を出て、御殿場の駅へ向かう。駅のベンチに座って考えていると、自分には迎えてくれる人も帰る所も無いのだということが思い浮かぶ。再び病院へ戻った彼女は、ハンセン病に苦しむ人たちの世話を手伝うようになる。そして、ある日患者が大切に育てた卵を売りに町へ出かけて、車にはねられて死んでしまう。その彼女が最後に口にしたのが、吉岡の名前であり、それを聞いたシスターが吉岡に手紙を送りすべてを知らせた。その手紙を読んだ吉岡のことを作品では次のように記している。

（なんでもないじゃないか。）

ぼくは自分に言いきかせた。

（誰だって……男なら、することだから。俺だけじゃないさ。）

ぼくは、自分の気持に確証を与えるために、屋上の手すりに靠れて、黄昏の街を見つめた。灰色の雲の下に、無数のビルや家がある。ビルディングや家の間に無数の路がある。バスが走り、車がながれ、人々が歩きまわっている。そこには、数えきれない生活と人生がある。その数えきれない人生のなかで、ぼくのミツにしたようなことは、男なら誰だって一度は経験することだ。ぼくだけではない筈だ。しかし……しかし、この寂しさは、一体どこから来るのだろう。ぼくには今、小さいが手がたい幸福がある。その幸福を、ぼくはミツとの記憶のために、棄てようとは思わない。しかし、この寂しさはどこからくるのだろう。もし、ミツがぼくに何か教えたとするならば、それは、ぼくらの人生をたった一度でも横切るものは、そこに消すことのできぬ痕跡を残すということなのか。寂しさは、その痕跡からくるのだろうか。そして亦、もし、この修道女が信じている、神というものが本当にあるならば、神はそうした痕跡を通して、ぼくらに話しかけるのか。しかしこの寂しさは何処から来るのだろう。

かつて、「犬ころのように棄て」、ハンセン病をおそれ逃げ去った吉岡が、ミツの最期をきかされ、「この寂しさは何処から来るのだろう」と自問するこの最後のことばに、作品のテーマが示されているといえよう。即ち、この「寂しさ」こそ吉岡に顕現された罪意識であり、「神はそうした痕跡を通して、ぼくらに話しかけるのか」という吉岡の呟きの中にこそ、キリスト教への通路を示そうとした作者の意図が読み取れるのである。この作品は、遠藤が御殿場の神山復生病院を訪れ、そこで実在の井深八重[13]に会い、彼女の人生を写し取るようにして森田ミツ像を描いた。そのミツをかつて犬ころのように棄てた吉岡は、この物語の回想のはじめの「ぼくの手記(一)」の最後に「理想の女というものが現代にあるとは誰も信じないが、ぼくは今あの女を聖女だと思っている……」と記している。遠藤祐氏は、この作品をミツの「自己聖化」にあるとし[14]、川島秀一氏はミツに「復活」のイメージを見、「キリストのまなざし」を指摘している。川島氏は更に、この「まなざし」の中によみがえってくる「風景」のなかにこの作品の世界があると指摘している[15]。森田ミツを中心に作品を見た場合はこのような復活と聖化のテーマが取り上げられてくるのであろうが、一方、山根道公氏が、この主人公のミツという名は、「海と毒薬」の阿部ミツとつながるもので、この小説の中で吉岡にとっての森田ミツは「海と毒薬」の勝呂にとっての阿部ミツ、戸田にとっての佐野ミツと同様に、その女性と触れ合った者に罪の自覚をさせる存在であるということができる。(「解題」『遠藤周作文学全集』第五巻、新潮社、一九九九年)

と指摘しているように、『わたしが・棄てた・女』という作品のタイトルから想像しても、このミツを思い出してどうしようもない「寂しさ」を抱く吉岡を通して、作者は日本人における罪意識の可能性と、それゆえの救いを描こうとしたのではないかと考えることが出来る。

そのように、遠藤の文学は、一方でキリスト教と東洋、そして西洋と日本との精神風土との交わりがたさを示しているが、それよりも強い人間としてのキリスト教受容の可能性への確信とカトリック作家としての使命感を持ってキリストの愛を読者一人一人に実感させうるテーマを描き続けていった作家であるということが出来よう。

五

遠藤周作の代表作品である『沈黙』は、一九六六(昭和四十一)年三月に新潮社の書き下ろし長編小説として出版された。作品は一六三八年、三人の宣教師を乗せた船がリスボンを発ち、途中マカオで一人が病気のため留まることになり、他の二人がひとりの日本人を水先案内人にして、長崎の五島に上陸したところから始まる。日本では、一六二二年にキリシタンの処刑が始まり、二九年には長崎で〈踏絵〉が始まる。そして三七年から三八年にかけて島原天草の乱が起こる。この乱のため、特に九州地方でのキリシタンに対する弾圧がいっそう激化したその三八年の出来事として描いた作品である。国内に潜んでいた外国人の宣教師たちも、作中に登場する三人の宣教師達が尊敬しあがめてきたかつての師フェレイラのように拷問によって棄教させられたり、或は棄教しない者は処刑された。そうした中で、導き手を失っていた日本人がいかに彼等を歓迎したかを作品では次のように示している。

五島の百姓と漁夫たちがどんなに司祭を待っていたかは、あの歯のかけた男が言う通りでした。どうしていいか、今わからないくらいです。眠る暇さえありませぬ。彼等は基督教の禁制などはまるで無視したように、私のかくれ家に次から次へとやってくるのです。子供たちに洗礼を授ける。大人たちの告悔をきく。一日つぶしても、その人数はたえませぬ。まるで、砂漠の中を歩きつづけた隊商がやっとオアシスの水をみつけたように、彼等は私をむさぼり飲もうとしている。聖堂のかわりにしたこの潰れたような農家に彼等の体が充満し、吐き気のするような臭いのただよった口をちかづけて彼等は自分たちの罪を懺悔します。病人までが這うようにしてここまでやって来るのです。

遠藤は、江戸時代になって更に厳しい年貢の取立てと威圧に苦しむ弱者の農民、漁民たちが、唯一のよりどころとして神を求めていった彼らの信仰に寄り添い、その信仰までも奪っていく理不尽な弾圧に対して憤りながら、作品に取り組んでいったのである。

遠藤がこの作品を書くヒントをつかんだのは、あるとき偶然に江戸時代〈踏絵〉に用いられていたピエタの像をみたことによるのだということを次のように回想している。

長崎の大浦天主堂から少し登ったところに十六番館といってこの町の明治のころ、居留した異人の調度や長崎土産をならべている木造洋館がある。

さして心ひかぬその建物を五、六年前おとずれて外に出ようとした時、一つの踏絵が入口近くにおかれているのを見た。厚い木に銅板の基督像をはめこんだもので、私の注意はむしろ基督像よりは、周りの厚い木にかすかに残っている足指の痕にむけられた。

もちろんその黒ずんだ足指の痕は一人のものではない。この踏絵をふんだ無数の人間が長い歳月に残したものだろう。

だが東京に戻ってから、その踏絵と黒ずんだ足指とのイメージはしばしば心に甦った。一体、どういう信徒がこれを踏んだのか。踏んだ時、その信徒はどういう気持を持ったろうか、そしてもし自分が同じ状況下におかれた信徒の一人だったならば、踏絵の前にたたされて、どういう態度をとったろうかと考えた。

もちろん今の基督信者にはこうした踏絵の基督像は信仰の対象とはならぬ。しかし切支丹時代の素朴な農民や漁民、町人たちにとってこの像を踏むことは、「お袋の顔」を踏むのと同じように切実な苦しみをひき起こしたにちがいないのだ。

(中略)

こうして切支丹の本を少しずつ読みながら、私の勉強はさきほどの三つの疑問にすべて、しぼられていた。つまり、華々しく殉教した強者のことではなく、卑法さ、肉体の弱さ、死への恐怖、家族を助けたい一心で、遂に信念を捨て、踏絵に足をかけてしまった弱者たちに私の心は向けられたのである。(「『沈黙』踏絵が育てた想像」「朝日新聞」一九六七年八月二十五日)

遠藤がこの踏絵のことを真剣に考えるようになったのは、一九六一(昭和三十六)年、三度目の肺の手術後の入院中、この入院中に、数年前に長崎の十六番館で見た一枚の踏絵のことが心から離れず、黒ずんだ足指の痕のイメージがしばしば心によみがえったときのことだと別の文章で書いている。生命に関わる危険があるといわれた手術を受け、更には闘病生活を慰めてくれた九官鳥が手術中に死んで、自らが不安と弱気におそわれているなかで、かつてどうしようもなくて踏絵を踏んでいった弱者達の姿が浮かんでくるようになって、それが次第に強く実感されるようになり、やがて『沈黙』を書くきっかけになっていったということであろう。それゆえに、「一体、どういう信徒がこれを踏んだのか」「踏んだ時、その信徒はどういう気持を持ったろうか」「もし自分が同じ状況下におかれた信徒の一人だったならば、踏絵の前にたたされて、どういう態度をとったろうか」という三つの疑問、即ち、自分の中にも強く認識する「弱者」としての日本人が、キリスト教徒が徹底して迫害される時代においていったいどのように生きたのかという関心と、「卑法さ、肉体の弱さ、死への恐怖、家族を助けたい一心」ならば自分が信じ、理想とするキリストの顔をも踏んでいった「日本的精神風土」について真剣に考えるようになり、やがて『沈黙』となって結実していった、ということであろう。そして更に「もし自分が同じ状況におかれた信徒の一人だったなら」と考えているように、それは、単に古い江戸時代に起こった歴史的出来事として捉えようとしたのではなく、現代においても通じる問題として取り組もうとしていた姿勢が窺えよう。

弱者日本人の典型として遠藤が描いたのが宣教師たちを日本に案内したキチジローである。キチジローはかつて、弱さゆえに裁きを恐れ踏絵を踏み、村に居れなくなって国外へ逃げ出し、マカオをさまよっていたのだが、宣教師を連れてきたということで、とたんに英雄扱いされるようになる。武田友寿氏が指摘するように、遠藤はこのキチジローを通して作品の中心テーマを語らせている。[16] たとえば次の箇所である。

・「なんのために、こげん苦しみばデウスさまはおらになさっとやろか」それから彼は恨めしそうな眼を私にふりむけて言ったのです。「パードレ、おらたちあ、なあんも悪かことばしとらんとに」

聞き棄ててしまえば何でもない臆病者のこの愚痴がなぜ鋭い針のようにこの胸にこんなに痛くつきさすのか。主はなんのために、これらみじめな百姓たちに、この日本人たちに迫害や拷問という試練をお与えになるのか。いいえ、キチジローが言いたいのはもっと別の怖ろしいことだったのです。それは神の沈黙ということ。迫害が起って今日まで二十年、この日本の黒い土地に多くの信徒の呻きがみち、司祭の熱い血が流れ、教会の塔が崩れていくのに、神は自分にささげられた余りにもむごい犠牲を前にして、なお黙っていられる。キチジローの愚痴にはその問いがふくまれていたような気が私にはしてならない。

・「モキチは強か。俺らが植える強か苗のごと強か。だが、弱か苗はどげん肥しばやっても育ちも悪う実も結ばん。俺のごと生まれつき根性の弱か者は、パードレ、この苗のごたるとです」

佐藤泰正氏は作品の一つの軸に「〈神の沈黙〉と歴史のなかに沈黙をしいられた〈弱者〉の復権という問題」があると指摘している。[17]「弱者」キチジロー達には「愚痴」でしか言う術を与えられない「神の沈黙」の問題、それはフェレイラの棄教としてもロドリゴに突きつけられる。

「(略)私が転んだのは、穴に吊られたからではない。三日間……このわしは、汚物をつめこんだ穴の中で逆さになり、しかし一言も神を裏切る言葉を言わなかったぞ」(略)

「わしが転んだのはな、いいか。聞きなさい。そのあとでここに入れられ耳にしたあの声に、神が何ひとつ、なさらなかったからだ。わしは必死で神に祈ったが、神は何もしなかったからだ」

この神の「沈黙の問題」は、早くに『黄色い人』において日本人キミ子と棄教したデュランとの間の会話として描いた、「なぜ、神さまのことや教会のことが忘れられへんの。忘れればええやないの。（略）なんまいだといえばそれで許してくれる仏さまの方がどれほどいいか、わからへん。」が孕む問題に通底している。即ち、「必死で神に祈ったが、神はなにもしなかった」は汎神風土日本における神への求めと断念を指している。それはフェレイラがロドリゴに語った日本人観に通じる。

「この国は沼地だ。やがてお前にもわかるだろうな。この国は考えていたより、もっと怖ろしい沼地だった。どんな苗もその沼地に植えられれば、根が腐りはじめる。葉が黄ばみ枯れていく。（略）」

日本への宣教に懸命に尽くしてきたフェレイラに痛恨させたこの日本「沼地」観、『沈黙』は一旦はこの汎神風土と一神風土の断絶の前に立ち止まる。しかし、遠藤は『沈黙』のテーマはそこにとどまるものではないということを『沈黙』発表直後の「福音と世界」の座談会で次のように述べている。

私はないないづくしにはもう耐えられない。たとい間違っていても、何とか踏み石を置いてこれで渡ってみて、それでもだめならまた別の踏み石を置くということを今われわれがやらなければ、次の世代にバトンを渡せないように思う。(略)(「座談会　神の沈黙と人間の証言――遠藤周作『沈黙』の問題をめぐって――」「福音と世界」新教出版社、一九六六年九月、六五頁)

〈「沼地」日本〉に痛恨と断念をもって立ち止まるのではなく、それを超えていくキリスト教受容の可能性の模索、遠藤は『沈黙』の主題をこのように設定していることをうかがわせる発言である。キチジローたちが訴えた「神の沈黙」をかつてロドリゴ達若い宣教師の鏡のような存在であったフェレイラに語らせていることも注目しなければなるまい。更に言えば、「神の沈黙」への問いかけはロドリゴにおいてもなされている。日本の信者が死ぬたびに「なぜ、あなたは黙っている。」と問いかけてきた彼の疑問は、ともに海を渡ってきたガルペが処刑される場面で明確になる。「あなたはなぜ黙っているのです。この時でさえ黙っているのですか。」「どうかこれらすべてをガルペと私のせいにしないで下さい。それはあなたが負わねばならぬ責任だ。」と「沈黙」に対して強い疑問を投げるようになっていくのである。即ち、「神の沈黙」への問いが、キチジローが自らの弱者の正当化として訴えてきた範囲を越えて、宗教の根本への問いかけとなっていることに注目しなければならない。佐藤氏が「神の沈黙」ともう一つの問題としてあげた「弱者」の復権、これは武田友寿氏以来指摘されてきている視点であるが、単にキチジローの達弱者の救済というだけのレベルではなく、フェレイラ、ロドリゴも含めた形で「神の沈黙」への訴えを作品の中心課題として問おうとしている視点に重ねてこの「復権」

について言うことにおいて問題はより重みを増すであろう。

そして、この「神の沈黙」を問うという視点が、従来のキリスト教信仰への問いかけという枠を超えていたことを作者自身が認識していたであろうことは次の場面が推測させる。

「お前は今まで誰もしなかった最も大きな愛の行為をやるのだから……」ふたたびフェレイラは先程と同じ言葉を司祭の耳もとに甘く囁いた。「教会の聖職者たちはお前を裁くだろう。わしを裁いたようにお前は彼等から追われるだろう。だが教会よりも、布教よりも、もっと大きなものがある。お前が今やろうとするのは……」

「教会よりも、布教よりも、もっと大きなもの」、ロドリゴ、フェレイラ、そしてキチジローを通して「神の沈黙」を問うてきた『沈黙』は実はこの一点に視点を凝集させた作品であるといえるのである。

例えば、遠藤は佐藤泰正氏との対談のなかで次のように述べている。

まったく同感です。そういう意味で〈沈黙〉という言葉を表層的にとると、たしかに神の〈沈黙〉になりますが、あの小説にも書いてあるように「神は沈黙しているのではない。私の生涯をとおして語りかけているんだ」という、つまり〈沈黙〉という表層的な形態をとっているけれども、その奥に神のささやきがある、語りかけがあるということと、背中合わせにして〈沈黙〉

というのは出来ているのです。単に神は人間の苦しみに対して黙っているのだという「ロドリゴの問いかけ＝私の考え方」というふうには、あの小説は読んでほしくないというのが作者の希望です。（『人生の同伴者　遠藤周作　聞き手佐藤泰正』春秋社、一九九一年十一月）

踏絵を踏んだあとのロドリゴは、井上筑後守に「いいえ私が闘ったのは」「自分の心にある切支丹の教えでござりました」と答えた。それはかつて強い意志に燃えて日本へ布教に来たときに心に抱いていた「切支丹の教え」から、踏絵を踏むにいたるロドリゴの信仰への葛藤の経緯を指している。そして、引用の作者の言葉は、その踏絵を踏んだあとのロドリゴの心境を示した「あの人は沈黙していたのではなかった。」「私の今日までの人生があの人について語っていた。」と重なる。山根道公氏は、このロドリゴの変化を「母性的なキリストに出会う信仰体験の深まり」と指摘している。[18] 遠藤自身「母性的信仰」を繰り返し述べてきている点からも、山根氏の指摘は的確であるが、ただしその「母性的」が意味するところを、ロドリゴもフェレイラも神の沈黙を懐疑するという『沈黙』のテーマにおいては、それは西洋の「父性的」に対峙させた「母性」として問おうとしているのでないことは注目しておかなければならない。遠藤は作家としての出発のときに「カトリック作家の問題」において「カトリック作家は作家である以上、何よりも人間を凝視するのが義務」であると語った。ロドリゴの心境をこのことと合わせてみるなら、彼は、日本におけるキリスト教信仰の可能性を希求する根底においてこの「人間凝視」を一貫させていたことが窺える。いわば遠藤の言う「母性的」なものとは、「人間」と「神」

との対峙、特に日本人と「神」との対峙を凝視した視点に立って用いられた言葉であることに注意しておく必要があろう。即ち、西洋と東洋といった民族による精神風土の違いはあるが、そのことを超えて、「人間」と「神」との対峙において、信仰は普遍的真理であると告げているといえよう[19]。そして、その普遍的真理の視点に立って、日本人におけるキリスト教信仰の可能性にも力強い核心を示したということが出来るのである。

それを知らすものとして、巻末に「切支丹屋敷役人日記」を付け加えたのだと考えられる。「切支丹屋敷」とは、徳川幕府がキリシタンを収容するために江戸の小石川に作った施設であるが、そこに、処刑された岡田三右衛門という武士の名前と妻をあてがわれ、フェレイラが自分にしたと同じ、捕らえられた宣教師を棄教に導く仕事をさせられているロドリゴとその三右衛門が連れている中間吉次郎が描かれているが、この二人がロドリゴとキチジローであることは容易に分る。そして彼らが密かにキリスト教を信仰していたことが推察されるように描かれている。遠藤が対談で「『切支丹屋敷』も大切なんです」と語ったことがあったが、踏絵を踏んだロドリゴにも、繰り返し踏絵を踏んで逃げてばかりいたキチジローにもその内面において、信仰そのものがしっかりと守られていることで、遠藤は真のキリスト教信仰の姿と、キリスト教信仰の可能性について確信を持って示そうとしたのだということが言えるのである。

註

（1）例えば「私とキリスト教」（初出誌未詳）（一九六三年七月「宗教と文学」南北社、収録）がある。
（2）岸野久「ザビエル」『日本「キリスト教」総覧』「別冊歴史読本」新人物往来社、一九九六年一月、一三九頁。
（3）森一弘「日本におけるカトリックの歴史」『日本「キリスト教」総覧』前掲書、二四〇～二四五頁。
（4）長濱拓磨「黄色い人」『作品論　遠藤周作』笠井秋生、玉置邦雄編、双文社出版、二〇〇〇年一月、五二頁。
（5）武田友寿『遠藤周作の文学』聖文舎、一九七五年九月。
（6）佐古純一郎『椎名麟三と遠藤周作』日本基督教団出版局、一九七七年四月。
（7）上総英郎『遠藤周作論』春秋社、一九八七年十一月、七七頁。
（8）佐藤泰正『遠藤周作と椎名麟三』「佐藤泰正著作集」七巻、翰林書房、三七頁。
（9）須浪敏子『海と毒薬』「國文学」學燈社、一九九三年九月、九四頁。
（10）拙稿「『海と毒薬』」おいて、作品が日本人における罪意識の可能性と、キリスト教受容の道を示した作品であるという立場で論じているので、参照下されば幸甚である。（『作品論 遠藤周作』前掲書）
（11）「愛の男女不平等について」「婦人公論」一九六四年三月。遠藤は「ドストエフスキーは彼がもっとも理想的人間（つまりキリストにちかい男）を『白痴』という題で書きました。（略）私も自分のキリストを『おバカさん』という同じような題で小説にした」と書いている。
上総英郎氏は『十字架を背負ったピエロ―狐狸庵先生と遠藤周作―』（主婦の友社、一九八〇年十月）で、「ガストン・ボナパルトが遠藤氏のひそかに抱いたイエス像の原型であることは、ずっと後、『沈黙』から『死海のほとり』『イエスの生涯』に到って具体化されるイエスの姿、イエスの生きた軌跡と重ね合わせてみれば、明らかであります。」と指摘している。

(12) 笠井秋生「「おバカさん」論」『作品論　遠藤周作』前掲書、九八頁。

(13) 井深八重（一八九七〜一九八九年）二十二歳の時に腕に出来た湿疹をハンセン病と診断され、神山復生病院に隔離入院させられた後、誤診と分かった。その後病院に残り看護婦として働き、後にナイチンゲール賞を受賞した。彼女のことは、木村一信氏が「わたしが・棄てた・女」論（『作品論　遠藤周作』双文社出版）に、井深自身の文章（「しばくさ」所収、一九七五年同志社女子大学）、阿部志郎「井深八重」（「同志社時報」所収一九九六年）をふまえて紹介している。

(14) 遠藤祐『わたしが・棄てた・女』『遠藤周作の世界』朝日出版社、一九九七年九月。

(15) 川島秀一『遠藤周作〈和解〉の物語』和泉書院、二〇〇〇年九月、二二〇頁。

(16) 武田友寿『遠藤周作の世界』中央出版社、一九六九年十月。

(17) 佐藤泰正『鑑賞日本現代文学25　椎名麟三・遠藤周作』角川書店、一九八三年二月、四一〇頁。

(18) 山根道公『遠藤周作　その人生と『沈黙』の真実』朝文社、二〇〇五年三月、四〇七頁。

(19) 遠藤は「座談会　神の沈黙と人間の証言――遠藤周作『沈黙』の問題をめぐって――」（前掲）において、「神は、われわれ人間の人生、もしくは、人間そのものを通して、その存在を語り、その言葉を語っている、どんなつまらない人間の人生にも神はその存在の証明をしている」と述べている。

(20) 対談「國文学」學燈社、一九七三年二月。

司馬遼太郎文芸の方法——『坂の上の雲』論

一

司馬遼太郎が亡くなったのは一九九六（平成八）年二月十一日である。日本の未来を憂い続けた司馬は、二十一世紀を迎える直前で没したのである。その司馬が二十世紀を憂える核に考えていたのが一九〇四（明治三十七）年に勃発した日露戦争であることは周知の通りである。司馬は晩年の一九九四（平成六）年にあらわした「日本人の二十世紀」（『この国のかたち』四）で次のように述べている。

（略）日本の二十世紀が戦争で開幕したことと、戦争がその国のわずかな長所と大きな短所をレントゲン写真のように映し出してくれるからです。

たとえば第一次大戦で、陸軍の輸送用の車輌や戦車などの兵器、また軍艦が石油で動くようになります。石油を他から輸入するしかない大正時代の日本は、正直に手の内を明かして、列強なみの陸海軍はもてない、他から侵入をうけた場合のみの戦力にきりかえると、そう言うべきなのに、おくびにも洩らさず、昭和になって、軍備上の根底的な弱点を押しかくして、かえって軍部を中心にファナティシズムをはびこらせました。不正直というのは、国をほろぼすほどの力があるのです。[1]

日露戦争に勝ったために日本は急速に強力な軍国主義国家になり、結局第二次世界大戦を引き起こし、二十世紀後半はその戦争による課題を多く背負わされることとなった。その一つに『この国のかたち 一』の「あとがき」に記した次の言葉がある。

（略）一九四五年八月十五日の敗戦の日だった。私にとって、二十二歳の誕生日を迎えて八日目のことである。私どもの連隊はいわゆる満州の国境ちかくにいて、早春、連隊ぐるみ移動し、思わぬことに関東平野に帰ってきた。（略）

私は毎日のように町を歩いた。この町は、十三世紀からの鋳物や大正期の佐野縮など絹織物による富の蓄積のおかげで町並には大きな家が多く、戦時中に露地に打水などがなされていて、どの家もどの辻も町民による手入れがよくゆきとどいていた。

軒下などで遊んでいるこどももまことに子柄がよく、自分がこの子らの将来のために死ぬなら多少の意味があると思ったりした。

が、ある日、そのおろかしさに気づいた。このあたりが戦場になれば、まず死ぬのは、兵士よりもこの子らなのである。

終戦の放送をきいたあと、なんとおろかな国にうまれたことかとおもった。（略）ほどなく復員し、戦後の社会のなかで塵にまみれてすごすうち、思い立って三十代で小説を書いた。（略）いわば、二十二歳の自分への手紙を書き送るようにして書いた。[2]

換言すれば第二次世界大戦における日本の敗戦に直面して、国民の悲しさを目の当りにしたときに、二度とそのような状況を再現させてはいけないという思いを強くした、その思いが司馬に作家としての歩みを開始させたということであろう。そしてその思いにはまた司馬の、戦後の「昭和」に対する警鐘であり祈りでもあった。そうした心情が端的に示されたものとして司馬が一九八九（平成元）年、大阪書籍の依頼に応じて小学生の教科書『小学国語６下』に書いた次の文章がある。

・「人間は、自分で生きているのではなく、大きな存在によって生かされている」
・この自然へのすなおな態度こそ、二十一世紀への希望であり、君たちへの期待でもある。そういうすなおさを君たちが持ち、その気分をひろめてほしいのである。

そうなれば、二十一世紀の人間は、よりいっそう自然を尊敬することになるだろう。そして、自然の一部である人間どうしについても、前世紀にもまして尊敬し合うようになるのにちがいない。そのようになることが、君たちへの私の期待でもある。

・君たち。君たちはつねに晴れあがった空のように、たかだかとした心を持たねばならない。同時に、ずっしりとたくましい足どりで、大地をふみしめつつ歩かねばならない。私は、君たちの心の中の最も美しいものを見つづけながら、以上のことを書いた。書き終わって、君たちの未来が、真夏の太陽のようにかがやいているように感じた。(3)

司馬はこの文章の書き出し部分にこう書いている。「私が持っていなくて、君たちだけが持っている大きなものがある。未来というものである」。この「未来」に向かって、「晴れあがった空のように、たかだかとした心を持」って進んでいって、二十一世紀には「未来が、真夏の太陽のように輝いている」人生を歩んで欲しい、これが司馬の次代に生きる者への切実な願いであり期待であったであろう。『二十一世紀に生きる君たちへ』と題した文章であるが、司馬はこの小学生を読者にした、しかもそれほど長くない文章をしたためるのに長篇一冊を書くほどのエネルギーを費やしたといっている。それだけに日本の次代にたいする思いが強いということであり、深い思いを込めて書いたこの文章が、司馬の文芸の根底に流れる心情を良くあらわしているとも言えるのである。司馬が常に人間に関心をもっているのは『梟の城』で毒潭という雲水に「人間が好きでな。人間を眺めて飽かぬたちゆえ、ついそんなことが気になる。」と言わせ、主人公葛篭重蔵に対しては、秀吉殺害のために伏見城

に侵入した場面で、

（略）相手は、無心で殺戮し去るには、あまりにも人間臭い男であった。その人間臭さが、秀吉という男を、天下人へ推しあげさせるに至った魅力なのであろう。重蔵は最初、眠りをむさぼっていた老爺を見た。どうみても一介の老爺にすぎなかったが、いま思えば、それさえもこの男のしたたかな愛嬌であった。叩き起したときは、この男は狼狽するよりも、まず寝呆けた。すぐそのあとで、自分の寝呆けを軽妙に利用した。それが、侵入者にとってさえ、次第にこたえられぬ魅力になって映ってきた。

と描いているところにも端的にあらわされていよう。以後の司馬文学はこのようにその時代を生きた個々の人間の姿に深くまなざしを注ぎながらその人間がいかに生き、未来への可能性を切り開いていったかを書き続けていったともいえよう。

その思いが一九六八（昭和四十三）年四月より四年三ヶ月あまりを費やして連載した『坂の上の雲』に結集されていると言っても過言ではない。『坂の上の雲』の六巻本第一巻の「あとがき[4]」に次のように記しているのはまさにそうした司馬の人間観が端的に表れているところだということが出来よう。

このながい物語は、その日本史上類のない幸福な楽天家たちの物語である。やがてかれらは日露戦争というとほうもない大仕事に無我夢中でくびをつっこんでゆく。最終的には、このつまり百姓国家がもったこっけいなほどに楽天的な連中が、ヨーロッパにおけるもっともふるい大国の一つと対決し、どのようにふるまったかということを書こうとおもっている。楽天家たちは、そのような時代人としての体質で、前をのみ見つめながらあるく。のぼってゆく坂の上の青い天にもし一朶の白い雲がかがやいているとすれば、それのみをみつめて坂を上ってゆくであろう。

作品は「まことに小さな国が、開化期をむかえようとしている。」と書き始められる。舞台は「まことに小さな国」日本が大改革を成し遂げた明治維新からはじまる。登場する青年たちはこの新しい日本の出発に対して純粋に「小さな国」が世界に比肩する国として成長することを夢み、その新しい国の生成の担い手の一翼を担うことに強い気概を抱いてまっすぐに進んでいこうとしていた。その彼らが成長しやがて「日露戦争というとほうもない大仕事」に遭遇していくのであるが、しかしその「大仕事」に従事した一人ひとりは国の将来の為にそれぞれの役割を懸命にはたそうとしてきた。郷原宏氏は次のように述べている。

国のかたちが正しければ、国民の姿勢もおのずから正しくなる。この作品に登場する人々は、例外なくみんな美しい。秋山兄弟や子規だけではない。児玉源太郎も東郷平八郎も、近代国家の自立という坂の上の雲を見つめながら毅然として国難に対峙する。彼らは決して天才でもなければ英雄でもなかった。当時にあってはごく平均的な日本人にすぎなかった。その平均的な日本人が、それぞれの立場で己れの務めを果たしたところに「この国のかたち」ができあがったのだ。この作品で司馬がいいたかったのは、おそらくそういうことである。(5)

司馬はヒーローを描くことを好まない。郷原氏の述べる「平均的な日本人」とは、司馬が第一巻「あとがき」で、「かれらは、天才というほどの者ではなく」「この時代のごく平均的な一員としてこの時代人らしくふるまったにすぎない」と記した一文を踏まえての言葉である。司馬の描く人物像は、まさに一人ひとりは「平均的な日本人」であり、その一人ひとりが日本の将来を考え、夢の実現を期待して「それぞれの立場で己れの務めを果たし」、「一朶の白い雲」を「みつめて坂を上ってゆく」、そのような青春群像たちを明治という時代のなかに捕え、その彼らが「日露戦争というとほうもない大仕事」に直面していった姿をリアルに捉え、その意味を問い掛けていったのである。

二

司馬が『竜馬がゆく』を書いたとき、竜馬関係の資料三千冊を渉猟した事はつとに知られている。

彼の資料に対する真摯な態度と入念な調査については定評がある。たとえば「週刊朝日」に長年にわたって連載された『街道を行く』の取材に携わったときのエピソードである。中島誠氏によれば、「週刊朝日」の担当者は、「司馬さんの文章は現地へ行くまでの下調べでほとんど出来上がっていた。しかも現地調査の綿密さは新聞記者上がりの司馬さんだからというよりも、下調べが一つ一つ実証される見事さに感動した」と追憶していると触れている。[6] 或は『竜馬がゆく』執筆に際しての裏話である。彼が『竜馬がゆく』のために集めた資料はおよそ三千冊に達していたといわれている。まさに膨大な数の資料であるが、その一冊一冊を丹念に読んで作品世界を構築していったことが想像できる。しかし、その目的が所謂歴史的事実を明らかにしようとしたのでないことは言うまでもない。たとえば彼はかつて「私は資料を読んで読んで読み尽くして、その後に一滴、二滴出る透明な滴を書く」のだ、[7]と言っている。換言すれば資料を徹底的に調べ、そこから浮かび上がってくる「透明な滴」、即ち〈真実〉にまなざしを注いで小説を書いていくという姿勢が窺えるところである。島崎藤村は『後の新片町より』で「物を書くことはよく物を観ることだ。（中略）物は観えさへすれば書ける」と述べた。[8] 膨大な資料を丹念にあたり、まさに「よく物を観」、そこから見えてきたものを描くことで、事実にはとらわれない自由で個性豊かな奥行きの深い世界を展開し、そこに人間的真実世界が見据えられたリアリティに充ちた作品が仕上がっていく、これが司馬文学の魅力の源泉でないかといえるところであろう。

『坂の上の雲』で司馬が収集した資料もまた膨大なものになったであろう。それは四国松山の下級武士正岡家、秋山家の歴史から、子規の運命、そして日露戦争関係、それは戦争の歴史的意味を探るところから、戦術、関わった人物一人ひとりの資料、或はロシアの側からの同様の調査等々、実に多岐に及んでいる。そのことを司馬は第六巻「あとがき」で次のように回想している。

この作品は、執筆時間が四年と三カ月かかった。書き終えた日の数日前に私は満四十九歳になった。執筆期間以前の準備時間が五年ほどあったから、私の四十代はこの作品の世界を調べたり書いたりすることで消えてしまったといってよく、書きおえたときに、元来感傷を軽蔑する習慣を自分に課しているつもりでありながら、夜中の数時間ぼう然としてしまった。

別な箇所では「この十年間、なるべく人に会わない生活をした」とも述べている。執筆に入る前の五年あまりの時間から、執筆期間の四年三ヶ月、まさに『坂の上の雲』に没入した十年間であったということであろう。その中では無数の困難があった。その一つが「明治三十年代のロシアのことや日本の陸海軍のことを調べるという作業」であり、そのために必要なロシア語であったとも回想している。「辞書がやっと引ける程度」でしかなかった心もとないロシア語力であったが苦心しながら調査を行ってきた。入念な調査の中で日露戦争参謀本部が編纂した『明治三十七八年日露戦史』全十巻がいかに価値の薄いものであるかもわかったと触れている。そうした丹念な資料検証も行いつつ綿密な執筆準備を行って膨大な作品世界を書き上げたのである。ある時「この作品の取材方法についてだが、あれはぜんぶご自分でお調べになるのですか」と問われて唖然としたことがあったと振り返り、「小説の取材ばかりは自分一人でやるしかなく、(略)これ以外に自分が書こうとする世界に入りこめる方法はないと明言している。資料検証にこだわり、綿密な調査を行ってから執筆をしていく司馬の方法のベースにある本音が示された言葉でもあろう。そしてそうした資料への態度を語った後で「小説とは要するに人間と人生につき」る、「それ以外の文学理論は私にはない」とまで言い切っている。これはまさに司馬の歴史小説が歴史的事実にこだわるのではなく、そこに「人間」を見据え、〈人間の真実〉を書くことに最も力点を置いてきたその方法を示した言葉であり、そこには可能な限りの資料に重層的に当たっていくことで「その後に一滴、二滴出る透明な滴」、〈真実〉を書こうという司馬の姿勢が窺えるところでもあろう。

司馬の歴史小説の方法で良く知られているのが「鳥瞰」の方法である。司馬は一九六四(昭和三十九)年にあらわした「私の小説作法」で次のように述べている。

ビルから、下をながめている。平素、住みなれた町でもまるでちがった地理風景にみえ、その中を小さな車が、小さな人が通ってゆく。

そんな視点の物理的高さを、私はこのんでいる。つまり、一人の人間をみるとき、私は階段をのぼって行って屋上へ出、その上からあらためてのぞきこんでその人を見る。おなじ水平面でその人を見るより、別なおもしろさがある。

もったいぶったいい方をしているようだが、要するに「完結した人生」をみることがおもしろいということだ。

(中略)

ある人間が死ぬ。時間がたつ。時間がたてばたつほど、高い視点からその人物と人生を鳥瞰することができる。いわゆる歴史小説を書くおもしろさはそこにある。[9]

この司馬の言葉を引用して松本健一氏は次のように述べている。

司馬がここで使っている「鳥瞰」とは、たんに鳥が高い空から地上を見下ろす、空間的な視座ではない。それは、時間的な意味ももっている。

いずれにしても、一人の人間をまるごと捉えるばかりでなく、その人間の隣にだれがいたか、どこでだれと話し、どちらの方角にむかって、どのようなスピードで歩いていったか。かれが通ってゆくまえとあとに、その地点を歩いていったのはだれか、などということが、すべて見渡せる。

——それが「鳥瞰」という方法だ、というのである。

その方法によって、司馬は「その人物と人生」のすべてを見ようとする。つまり、その一人の人間の位地を歴史的にとらえることができる、と考えるのだ。それが、歴史小説を書く「おもしろさ」だ、とも。[10]

松本氏が指摘するように「鳥瞰」の方法とは文字の意味通りの「高い空から地上を見下ろす」ことを指すのではなく、様々な資料を駆使してその歴史的場面やそれぞれの登場人物を様々な角度から眺め描くことである。郷原宏氏が先に取り上げた『竜馬がゆく』の資料三千冊に触れて、「この三千冊を積み上げた高さが、すなわち司馬が下界の交差点を見下ろすビルの高さなのだ」と表現しているのは的確な喩えであるが[11]、まさに司馬の徹底した資料へのこだわりがより明確に「鳥瞰」の方法を示唆しているとも言えよう。そしてその「鳥瞰」の方法を駆使することによって、事実検証を求めるのではなく「その人物と人生」のすべてをとらえようとする意図がうかがえるというのは松本氏の指摘どおりである。司馬がこの方法を「毎日新聞」に書いた一九六四（昭和三十九）年は『竜馬がゆく』執筆のさなかであり、司馬の描く坂本竜馬像も司馬の膨大な資料検証のフィルターを通して人間的真実に迫ろうとする意図によって描かれたことが窺える。『坂の上の雲』の登場人物たちも、そのように「鳥瞰」の手法によって、「事実」から解き放たれて「真実」への問い掛けによって書き上げられた世界なのである。

三

『坂の上の雲』は「十七夜」で正岡子規の死を描いている。子規が亡くなったのは一九〇二（明

治三十五）年九月十九日であるが、作中では子規の弟子高浜虚子の言葉として、

右手が竹垣だが、左手は加賀屋敷の黒板塀がつづいている。月の光は、その板塀いっぱいにあたっていて、その板塀だけをみていると、夜とおもえぬほどにあかるかった。

その板塀のあかるさのなかを、何物かが動いて流れてゆくような気が、一瞬した。子規居士の霊だと、虚子はおもった。霊がいま空中へのぼりつつあるであろう。

と記し、その虚子に子規の亡骸に向かって「あなたがのぼってゆくのを、いまあしはみたぞな」と語らせている。更に作品は次節「権兵衛のこと」の冒頭で子規の死後「この小説をどう書こうかということを、まだ悩んでいる。」と書いている。子規が亡くなって、今後の小説をどのように展開していくか決めかねているというニュアンスであるが、一方で子規の死を「霊がいま空中へのぼりつつある」「あなたがのぼってゆくのを、いまあしはみた」という表現は、先に引用した第一巻「あとがき」の、

楽天家たちは、そのような時代人としての体質で、前をのみ見つめながらあるく。のぼってゆく坂の上の青い天にもし一朶の白い雲がかがやいているとすれば、それのみをみつめて坂を上ってゆくであろう。

と書いた司馬の求める明治の群像達の像と重なる。即ち、作品はまず子規や秋山兄弟を通しての明治の青春群像を描くことをテーマとして書き、子規の死を描いた「十三夜」の次節の見出し「権兵衛のこと」が日露戦争に欠かせない人物山本権兵衛を指しているように、舞台は一転して日露戦争を中心に展開するように変化しているということが確認できる。「権兵衛のこと」では冒頭部分を次のように続けている。

子規は死んだ。
好古と真之は、やがては日露戦争のなかに入ってゆくであろう。
できることならかれらをたえず軸にしながら日露戦争そのものをえがいてゆきたいが、しかし対象は漠然として大きく、そういうものを充分にとらえることができるほど、小説というものは便利なものではない。

即ち、正岡子規、秋山兄弟を中心にした明治の青春群像を描くことを前半のテーマにした作品を、今後は日露戦争中心へと展開させていこうと考えているが、「十七夜」から「権兵衛のこと」における語り手である作者の言葉は、その日露戦争を描くことの大変さを噛みしめている様子と、前半部の中心人物であった秋山兄弟、換言すれば、明るく日本の未来に期待して坂の上の雲を目指してきた明治の群像のイメージを核にして、この困難なテーマ、日露戦争を独自の視点で描いていこうとしている司馬の思いが窺えるところであろう。

その前半のテーマであるが、司馬は第一巻「あとがき」で次のように回想している。

子規について、ふるくから関心があった。

ある年の夏、かれがうまれた伊予松山のかつての士族町をあるいていたとき、子規と秋山真之が小学校から大学予備門まで同じコースを歩いた仲間であったことに気づき、ただ子規好きのあまりしらべてみる気になった。小説にかくつもりはなかった。

『坂の上の雲』を論じるときには必ずといってよいほど取り上げられる箇所であるが、司馬が当初正岡子規を調べることにのみに関心を抱いて松山へ行き、子規関係の資料を尋ねもとめているうちに子規の同級生秋山真之に行き合わせ、真之の兄好古を知るようになった経緯がよくわかる文章である。

その子規への司馬の関心の有り様を示したのが、やはり六巻本の第五巻「あとがき」の次の箇所である。

少年のころの私は子規と蘆花によって明治を遠望した。蘆花によって知った明治の暗さにひきかえ、金銭にも健康にもめぐまれず、癌とおなじく死病とされた結核をわずらい、独身のままで死んだ子規の明治というものが底ぬけにあかるかったのはどういうことであろう。子規は少年期が終わるころ、ゆくすえは太政大臣になろうとおもって上京し、大学予備門に入った。しかし在学中に西洋哲学のおもしろさにとりつかれた。明治十年代というのは大学で哲学なら哲学を専攻するということは日本の哲学の草分けになるということであった。子規はそういう歴史時代であることを知っていた。かれは自分をもって西洋哲学の源流たらしめようとした。秩序が確立された時代ならば、たとえば「寄生木」の小笠原善平が士官学校に入った時代なら、子規とはほんの十数年遅れてしまっているだけであるのに、すでに歴史はすぎていた。もし小笠原善平の世代の人間がそうおもえば誇大妄想として嗤われるだけのものが、子規の青春期の環境ではそうおもうことのほうがむしろ自然だった。ただ子規の同級生に、子規がみてとても及ばないという哲学青年がいたために、「あしはかれにはとても及ばない。かれの後塵を拝することがわかりきっているから哲学をやめよう」とおもいなおし、国文学科をえらび、のち日本の短詩型の変革を志し、のちの系譜の源流をなした。

子規のあかるさは、そういうところにあったであろう。

金銭にも健康にも恵まれず「独身のままで死んだ子規の明治というものが底ぬけにあかるかったのはどういうことであろう。」という問いかけとその理由を分析した文章は、司馬が子規に関心を抱いた動機をうかがわせるものであり、この野心家でオプティミストとしての子規理解が、まず子規を中心に『坂の上の雲』を書き始めさせたきっかけになったとも想像できるところであろう。そしてこの子規への認識が作品執筆のベースになっていることをうかがわせるものとして、先に引用した第一巻あとがきにある「日本史上類のない幸福な楽天家たちの物語」を書くという作者の言葉に集約されているという事であろう。そして更に司馬は子規の「楽天家」の面をこのように強調している。

明治というこのオプティミズムの時代にもっとも適合した資質をもっていたのは子規であったかもしれない。（略）この子規の気分が子規だけでなく明治三十年代までつづくこの時代の気分であるようであり、その気分は好古にも真之にも通いあい、調べていてときに同一人物ではないかと錯覚する瞬間がある。時代のふしぎさというものであろう。（第五巻「あとがき」）

子規が亡くなったのが明治三十五（一九〇二）年、日露戦争が勃発するのが明治三十七（一九〇四）年、ここで司馬が指す「明治三十年代までつづくこの時代の気分」とは子規の生きた時代であり、日露戦争に突入するまでの日本を指していることが窺える。その意味では、司馬が日露戦争を、子規とともに過ごした秋山兄弟を「たえず軸にしながら」描いてゆきたいとした心情は注目されるのである。島田謹二氏は次のように述べている。

この物語は「坂の上」にうかんだ「雲」を目指してか、雲にひかれてか、登ってゆく若者たちの群像を中心にすえている。それは、「明治」という世界史上ユニックな時代を背景にした日本の青春像である。その若者の兄弟は、時代の波にもまれながら、環境の要請から陸海の軍人になって、それぞれの役割に応じ、それぞれの特長を、それぞれに生かしぬいてゆく。（中略）大きくわければ、全六巻のうち第二巻のほぼ真中に位する「十七夜」（文庫本第三巻）あたりまでが前半部になる。見方によると、そこまでが序曲である。書き出しは、みごとである。瀬戸内に沿う松山の季節と風俗と生活と家庭のしつけが好もしい筆で語りつづけられている。主人公の秋山兄弟のやや順調な生い立ちと、短詩型の革新に打ちこんだのちの正岡子規の病と闘いつつ、生命をすりへらしながら、独自の文学を残してゆく労苦とは、ことごとに対照になっている。[12]

島田氏は「十七夜」までの子規たちを中心にした「明治」の青春群像を描いた部分を作品の「序曲」ととらえている。即ちその「序曲」において示された方向において作品全体が展開されているという作品把握の立場を示しているとも言えるところであり、注目したい指摘である。即ち、『坂の上の雲』は、「坂の上」にうかんだ「雲」を目指して進んでいった「明治」の青春群像たちにみようとした「あかるさ」と「オプティミズム」でまず舞台をつくり、その独自の時代視点に立って、イメージとしてはその対極とも言える、日本が国をあげて死闘していった日露戦争を描いているというとらえ方にもつながっていき、『坂の上の雲』の主題をとらえていく上でも重要な指摘にもなるものである。そのことについては柳澤五郎氏が『司馬遼太郎事典』（勉誠出版）で、子規と秋山兄弟を指して「司馬がこの三人を通して本当に描きたかったものは何であったのであろうか。実はこの三人は主題の引立て役にすぎない。」と指摘していることにも通じるところがある。[13] 三人の中で秋山兄弟は子規の死後日露戦争のただ中に入っていくので多少立場は異なるが、柳澤氏の言葉を借りれば、この前半部でとらえた青春群像たちの「あかるさ」と「オプティミズム」を作品全体の「引き立て役」として用意した上で、作品はまず〈明治という「時代」〉を描き、そしてその中に日露戦争をとらえようとしたという見方が出来るのではないだろうか。

司馬がそのような「あかるさ」と「オプティミズム」を「引き立て役」にした向日性の強い状況設定において「明治」と「日露戦争」を描こうとしたことが、━で取り上げた『二十一世紀に生きる君たちへ』に示された、日本の将来とこれからその未来を生きる若者達に対する強い期待に通じるものであろうが、更にこの作品に託した司馬の思いについて、この『坂の上の雲』が執筆開始された一九六八（昭和四三）年前後の時代状況との関連から最近指摘されることが増えてきている。その一つに内田樹氏の次の指摘が注目される。[14]

『坂の上の雲』が書かれたのは一九六八年から七二年にかけてのことである。つとに関川夏央が『「坂の上の雲」と日本人』（文春文庫、２００９年）で指摘しているとおり、この年号は、日本全土で学園紛争が吹き荒れ、さらに爆弾テロや連合赤軍事件に向かう時期にぴたりと一致する。なぜこの時期に、司馬遼太郎が「若く健康な日本」について書こうとしたのか、それは大学から街頭にあふれ出るデモ隊の「大群衆」の中に、「異胎」の鼓動を聴きとったからである。「異胎」は敗戦とともに消え去ったわけではなくて、日本国民の心性のうちに深く根づいたものであることを、司遼太郎は敗戦後二十年経ったときに直感したのである。関川はこう書いている。「彼が、終戦から二十年近くたった高度成長という日本の輝かしい時期にこういう物語を発想したこと、そして一九六八年という反体制色に満ちた猛々しい印象の時代に実際に書き始め、筆を置いたのが青年層の反体制的心情が急激に萎縮した七二年であったというのは、とても興味深いことです。」(『「坂の上の雲」と日本人』文春文庫、一一頁)

一九六八年に、司馬遼太郎は「こういう物語」を書かねばならないと思った。それは、司馬遼太郎が「これを守らねばならぬというなら死んでもいいと思っているほどに」戦後日本を愛していたからである。明治期と敗戦後に登場した二種類の「本然の日本」を架橋して繋げ、その二つに挟み込むことによって、「異胎」の破壊的な影響力を減殺すること。それが司馬遼太郎の戦略的意図であったという関川夏央の見たてに、私も同意の一票を投じたい。

関川夏央氏の論を引用しての内田氏の主張であるが、このように司馬の執筆意図を『坂の上の雲』が執筆された一九七〇年前後の時代状況との関わりにおいて注目した視点としては成田龍一氏も次のように指摘している。

また、日清・日露戦争という近代日本が直面した試練に焦点を当てた『坂の上の雲』では、秋山好古、真之兄弟が陸軍と海軍で役割を分担し、乗り越えた姿を描いた。高度経済成長のゆがみが見えてきた70年前後に書かれ、日本の困難には、様々な組織が協力しなければならないとのメッセージを込めた。作品ごとに、同時代が抱える問題を次々に展開したのだ。[15]

一九七〇年前後とは、日本が「戦後」の混迷期を脱し昭和三十年代に入った一九五〇年代後半から急速に進展してきた高度経済成長に歪みが徐々に見え始め、それに伴った形で「反対体制色に満ちた猛々しい印象の時代」に陥り、将来に不安を抱く若者たちの怒りが各地で学園紛争を引き起こし、過激な破壊行動へと駆り立てられてもいった。関川、成田氏などが指摘するようにそうした時代と若者の未来に対して危惧を抱いた司馬が、かつて日本が最も困難な時代に遭遇した日露戦争を取り上げ、今日の若者のように時代を安易に批判し破壊しようとするのではなく、日本の将来を信じ気概を持って懸命に戦ってきた時代と時代人の向日性に満ちた有り様を提示することで、現在の混沌のなかにさ迷う姿に対して、警鐘を発し期待と希望を伝えようとして書いたのが『坂の上の雲』であるという事を、日本を愛し人間愛を貫く司馬の心情においてあらためて確認しておく必要があろう。

四

『坂の上の雲』に描かれた日露戦争の描写が事実と異なるという点が最近しばしば指摘されている。

たとえば司馬が作中乃木希典をことさらに戦べタに描いているが、しかし乃木の戦術は間違っていなかったことを特に旅順攻防戦の実際を詳細に分析しながら、近代的で堅固な要塞を攻略する方法としてはむしろ乃木の戦術以外に方法はなかった、と指摘している福井雄三氏[16]、あるいは日本海海戦のロシア艦隊の進路の判断のところで、東郷司令長官の指揮官としての姿に対して〈不動説〉をとって書いたところは事実と異なる、実際の東郷は、ロシア艦隊は、はじめに判断した対馬海峡ではなく津軽海峡を通過してくるという判断に切り替えようとしていたのだと指摘した半藤一利氏[17]等である。こうした福井氏や半藤氏が指摘するような〈事実〉との照合を詳細に検証していけば、恐らく日露戦争の歴史的実態はよりリアルに把握されていくであろう。そしてそうした〈事実〉と作品描写の距離を図りながら作者の意図を明らかにしていくことも研究の方法としては考えられる。しかし、このような〈事実〉との関係について読者から批判されるであろうことを作者自身全く認識していなかったとは、作品執筆にあたっての彼のあらゆる分野にわたった膨大な資料調査の仕方から考えても了解しがたいことである。恐らく、作品の細部に於いてはそうした歴史上の〈事実〉と異なっているといった批判に対してはまったく恐れずに、この作品において一貫して求めていった「人間」を描くという視点において、秋山兄弟にはじまり、乃木を描き、東郷を描き、一人の兵士にいたるまで変わらぬ眼差しを持って描いていったのが司馬の文芸であるというべきであろうと考える。その一貫した眼差しとは、先に膨大な資料調査に当たる司馬の姿勢として確認した〈真実〉を凝視する姿勢である。即ち、彼が歴史を小説に描いていく時に根底に見据えていたものとは、歴史の〈事実〉に左右されるのではなく、その歴史を凝視しその歴史に関わる「資料を読んで読んで読み尽くして、その後に一滴、二滴出る透明な滴」、即ち〈真実〉なるものを捉えて書くということであり、その〈真実〉とは司馬にとっては、人間で言えば、その時代時代において気概を持って懸命に生きてきた一人ひとりの人間の姿である。司馬はそれを書いていくためにこそ、作品の全体構想を前半部を青春群像たちの「あかるさ」と「オプティミズム」を中心に描き、その雰囲気の中で「明治」と「日露戦争」を描こうとしたスタンスであることも改めて確認しておきたい。

そうした司馬文芸の方法を確認した上で注目されるのが『坂の上の雲』で司馬が「運」を強調している点である。「運」について端的に描いているのが次の箇所である。

しかし出雲の艦橋にあった佐藤鉄太郎は、

「運だった」

と、戦後、冷静に語っている。

佐藤が戦後、海軍大学校の教官をしていたとき、梨羽時起という海軍少将があそびにきて、

「佐藤、どうしてあんなに勝ったのだろうか」

と、梨羽はかれ自身実戦に参加しているくせにそれがふしぎでならないようなことをいった。確かに奇妙すぎた。科学的に探究しうる勝因というのは無数に抽出して組織化することはできる。

しかしそれでもなお不明の部分が大きく残る。なにしろ人類が戦争というものを体験して以来、

この戦いほど完璧な勝利を完璧なかたちで生みあげたものはなく、その後にもなかった。

「六分どおり運でしょう」

と、佐藤はいった。梨羽はうなずき、僕もそう思っている、しかしあとの四分は何だろう、と問いかさねた。佐藤は、

「それも運でしょう」

といった。梨羽は笑い出して、六分も運、四分も運ならみな運ではないか、というと佐藤は、前の六分は本当の運です、しかしあとの四分は人間の力で開いた運です、といった。

佐藤は決して自分の手柄であるとも秋山真之の手柄であるともいわなかった。真之自身が、「天佑の連続だった」といっているのである。

ただ佐藤はこの説明のつかない「六分の運」について海軍大学校の講義で、

―東郷長官はふしぎなほど運のいい人であった。戦いというのは主将を選ぶのが大切である。妙なことをいうようだが、主将がいかに天才でも運のわるい人ではどうにもならない。と述べたことが残っている。(文庫本　第八巻「死闘」)


佐藤鉄太郎が乗船している出雲は日本海海戦での第二艦隊の旗艦で、佐藤は参謀を勤める中佐であった。場面はバルチック艦隊とのきわどい攻防を描いたところで、そのときに佐藤と第二艦隊司令長官の上村彦之丞の二人の的確な判断と勇敢さが勝機を引き込み、ロシア側を敗走させた様子を描い

た後に引用の箇所が挿入されている。佐藤は後に中将になり『大日本海戦史談』を書いている。この「運」を語った箇所は所謂司馬の「鳥瞰の方法」で描かれており、司馬はここでは佐藤の著書にも触れ、この逸話は後年佐藤が海軍大学校の校長になってからの回想として挿入している。手法としては後年の佐藤の言葉を借りて日露戦争に対する作者の認識が語られているといえるのであるが、その思いとは、即ち日露戦争はけっして日本軍がロシア軍より強かったので勝ったのでは無い。日本が勝ったのはすべて「運」が作用したからだということである。ただしここで司馬がより強く強調しているのは、その「運」について、佐藤が「あとの四分は人間の力で開いた運です」と言っている箇所であろう。ロシア側の作戦を読み取るといっても一つ間違えば一転して大ピンチになる。上村と佐藤の判断はその意味では最も危険な二者択一でもあり、そこに「運」が大きく味方をしたというところが司馬の強く主張したいところであった。しかし、その場面でも佐藤に対する「海軍部内で早くから戦術の天才という評価をうけていた」という人物評を盛り込んでいるように、どのようなときにおいても決して偶然がもたらせた「運」だけではなく、戦時下にあって日本の未来を信じて懸命に戦ってきた人間一人ひとりの〈気概〉によって、それ故にもたらされた「運」であったということである。司馬が日露戦争を描く眼差しは一貫してこの「運」をも呼びこむほど一人ひとりの人間が懸命に生きたその個々の人間の生きざまに深く注がれていたと言っても過言ではない。例えば司馬が戦べタを強調する結果となった乃木であるが、その彼に対しても一方では、一例を上げると二〇三高地の戦いでの乃木の戦術がうまく進展せず、その原因に参謀長の伊地知幸介の能力を疑問視する見方もあったが、満州総参謀長の児玉源太郎が様子を見に戦地まで来た折には、児玉に対して乃木に「伊地知はよくやっとるでのう」と語らせ、自分に不利になるにもかかわらず伊地知をかばわせたように、人間乃木を髣髴させる描き方をしている。そのように、司馬は、これは『坂の上の雲』に限ることではないが、登場人物たちがその時に何をなしたかを描くことに重きを置くよりも、むしろその時のどんな思いであったのか、どのような人間性を発揮していたのかにより深くまなざしを注ぎながら彼らの行動を描いていることがうかがえる。それは秋山兄弟、乃木、東郷、児玉といった中心人物を見る眼差しだけではない。例えば次の箇所である。


戦艦富士の砲員だった西田捨市三等兵曹は、いまも大阪府下で健在である。西田氏は大阪府摂津市浜町のうまれで、氏の語るところでは、明治三十四年に大規模な海軍志願兵募集があった。当時摂津市は三島郡味下(ました)村といったが、その味下村の村長さんが、「わしの名誉のためにぜひたのむ」と応募をすすめた。

(中略)

敵艦隊見ゆの報がつたわったとき、氏はうずくまって砲の整備作業をしていたが、頭がガンガン鳴ってきて手が動かず、

「日本がもし負けたら、どうなるかなあ」

と、そればかりを思い、涙がこぼれて仕方がなかったという。（文庫本　第八巻「抜錨」）

無名の明治人西田兵曹の涙は云わば日露戦争に従軍した大部分の兵士たちの心情を代表していようし、それは兵士だけでなく日本国民全体の思いでもあったと言える。そうした庶民に眼差しを注ぎながら、日露戦争が決して当時の軍部が公表し、歴史に残されてきたような華やかな勝利ではなかったことを検証しようとしているのである。例えば小林竜雄氏の指摘である。

> 日露戦争はきわどい勝利であった。日本が強かったのではなくロシアの側が問題を抱えていたのでかろうじて勝ったにすぎなかった。だからロシアからは樺太の譲渡だけで賠償金は取れなかった。もし戦闘が長引くことがあれば日本が負けたことは確かなのである。だが、政府はこの事実を国民に知らせることをしなかった。（中略）
>
> 日露戦争を境として日本人の国民的理性が大きく後退して狂操の昭和期に入る。やがて国家と国民が狂いだして太平洋戦争をやってのけて敗北するのは、日露戦争後わずか四十年のちのことである。》（「あとがき二」）

〈明治後期国家〉は司馬を失望させる方向に向かっていったのである。国民も同様で事実を知らされていなかったとはいえ、その過剰なナショナリズムへの高揚は不快なものがあった。[18]

この事は小林氏以前に、少なくとも『坂の上の雲』を司馬の意図を探る視点で論じたものはほとんどのものが触れている。司馬自らも六巻本第二巻のあとがきで述べている。

要するにロシアはみずからに負けたところが多く、日本はそのすぐれた計画性と敵軍のそのような事情のためにきわどい勝利をひろいつづけたというのが、日露戦争であろう。

戦後の日本は、この冷厳な相対関係を国民に教えようとせず、国民もそれを知ろうとはしなかった。むしろ勝利を絶対化し、日本軍の神秘的強さを信仰するようになり、その部分において民族的に痴呆化した。日露戦争を境として日本人の国民的理性が大きく後退して狂躁の昭和期に入る。やがて国家と国民が狂いだして太平洋戦争をやってのけて敗北するのは、日露戦後わずか四十年のちのことである。敗戦が国民に理性をあたえ、勝利が国民を狂気にするとすれば、長い民族の歴史からみれば、戦争の勝敗などというものはまことに不可思議なものである。

当時の軍部であり政府が日露戦争がいかに苛酷で困難な戦いであったかというその実態を国民に正しく伝えていたならば、日本はそれ以後極端な軍国主義に走ることもなく、誤まった戦争を繰り返さず、そして最も無謀な戦争となった昭和の大戦争を引き起こすことはしなかったであろうし、もっと未来のある二十一世紀が期待できた、そのためにも日露戦争を正しく理解して、その理解を礎にこれからを希望を持って生きて欲しい。そして、その過酷な戦争という歴史の中に於いても気概を持って自分の役割を懸命に生きてきた人間群像を認めることで、人間への信頼と可能性を強く持ち、未来へ向かって進んでいって欲しいという願い、これが『坂の上の雲』の司馬のテーマであり、作品の主題を形象しているということができよう。

註

（1）初出「文藝春秋」第七十二巻第五号、『この国のかたち四』一九九四（平成六）年四月、『司馬遼太郎が考えたこと15』新潮社、二〇〇二（平成十四）年十二月、所収、二七九頁

（2）『この国のかたち 一』「あとがき」一九九〇（平成二）年三月、文藝春秋社、『司馬遼太郎が考えたこと14』新潮社、二〇〇二（平成十四）年十一月、所収、三四〇〜三四一頁。

（3）『二十一世紀に生きる君たちへ』『小学国語6下』大阪書籍、一九八五年五月、『司馬遼太郎が考えたこと14』同前、二四六〜二七九頁。

（4）『坂の上の雲』は一九六九（昭和四十四）年四月から一九七二年九月まで刊行された。現在六巻本の「あとがき」一〜六は、文春文庫刊行の八巻本の第八巻にまとめて収録されている。本論では八巻本所収のものを用いたが、以下「あとがき」についての註は省く。

（5）「司馬遼太郎の文学——時代小説から歴史小説へ」「國文学」二〇〇九年六月号、學燈社、五五頁。

（6）中島誠『司馬遼太郎と丸山真男』現代書館、一九九八（平成十）年二月、四七頁。

（7）有吉信人「司馬遼太郎の勉強法」「プレジデント」一九九七（平成九）年三月号臨時増刊、一〇六頁。有吉氏はこのことを井上ひさしが司馬から聞いた言葉として引用している。

(8) 島崎藤村「観ることと書くこと」(『後の新片町より』) 一九一三(大正二)年六月。『藤村全集』第六巻(昭和四十二年、筑摩書房)所収。
(9)「私の小説作法」一九六四(昭和三十九)年七月、『司馬陽太郎が考えたこと2』新潮社、二〇〇一(平成十三)年十一月、所収、三六八頁。
(10) 松本健一「歴史は文学の華なり、と」『司馬遼太郎の跫音』「中央公論」一九九六(平成八)年九月号臨時増刊、『司馬遼太郎 歴史は文学の華なり、と』小沢書店、一九九六(平成八)年十一月、所収、五二~五三頁。
(11) 郷原宏「司馬遼太郎の文学――時代小説から歴史小説へ」「國文学」二〇〇九年六月号、學燈社、五五頁前掲書、五四頁。
(12)『坂の上の雲』『群像日本の作家「司馬遼太郎」』一九九八(平成十)年七月、小学館、三四~三五頁。
(13) 柳澤五郎『坂の上の雲』『司馬遼太郎事典』勉誠出版、二〇〇七(平成十九)年十二月、八〇頁。
(14) 内田樹「司馬遼太郎が国民作家である理由」『21世紀「坂の上の雲」読本』、洋泉社、二〇〇九(平成二十一)年十二月、一二五頁。
(15)「「戦後」考える手がかり」「読売新聞」二〇一〇(平成二十二)年十一月一日、「月刊ディベート「どう読む司馬史観」」。
(16) 福井雄三『「坂の上の雲」に隠された歴史の真実』二〇〇四年十一月、主婦の友社。特に、司馬の乃木無能説への反論としては第二章の「『坂の上の雲』に描かれた旅順攻防戦の虚像と実像。はたして史実はどこにあったか」に詳しい。
(17) 半藤一利「司馬さんが書かなかったこと 坂の上の雲」『司馬遼太郎の世界』文藝春秋社、一九九六年十月、二七九〜二八二頁。

(18) 初出『司馬遼太郎考―モラル的緊張へ』中央公論社、二〇〇〇年、加筆修正して『司馬遼太郎が書いたこと、書けなかったこと』小学館文庫、二〇一〇年九月、二七頁。

あとがき

本書には、二〇〇七年四月から二〇一七年四月にかけて、数研出版発行「数研国語通信つれづれ」に「日本文学つれづれ　近現代文学編」と題して第10号から31号までに連載した二十一作品についての近現代文学評論と、新潮社が二〇一一年から一四年にかけて刊行した『山本周五郎長編小説全集』の八、九、十三、二十三巻について執筆した「解説」と、関西学院大学人文学会等に掲載した論考三本を収録した。

私は、関西学院大学大学院を修了後直ちに九州熊本の九州女学院短期大学に赴任し、十四年間近現代日本文学の講義を担当した。一九九〇年四月に母校関西学院大学へ戻り、文学部日本文学科の近現代日本文学担当教員として、二〇一七年三月に定年退職するまでの二十七年間、若い学生たちに対して講義し、論文指導をしてきた。合計四十一年にわたって、実に多くの学生たちに文芸作品を読むことの意義と喜びを伝え、共有してきた。

かつて三好行雄の『作品論の試み』の中で、文学鑑賞には〈出会い〉の二義性が考えられ、受容的・感性的体験である外的な邂逅（出会い）から、生命的体験である内的な邂逅（出会い）に転化した時に一つの作品との真の出会いがなされ、鑑賞の妙味が体得できるという内容が述べられている箇所に触れたときに、文芸作品を読むことの意義の核心を教えられた実感を得たことが今も鮮明に記憶にある。

夏目漱石が『彼岸過迄』において、須永市蔵の苦悩をとおして「命根」への言及を示しているが、私たちは文芸作品を読んで、喜び、憤り、苦しみ、悲しみ、豊かな心を実感するとともに、生命の深奥からの呼びかけに気付かされる体験を重ねていく。私は文芸作品の意義を学生達に伝えながら、彼らが読書を通して常にこの魂のざわめきに対峙してもらうことを願ってきた。

二〇〇七年のはじめに、数年前に私の指導した大学・大学院のゼミを終えて数研出版に就職して活躍している山本貴幸君から、数研出版で、各方面で国語教育にたずさわる方々の、実践や研究などの発表の場として編集・発行している「数研国語通信 つれづれ」に、現場の国語教育に役立つ読書案内が出来るような文章を連載してほしいという依頼をいただき、私は、高校の先生方を通して若き高校生にも、文芸作品が人生の良き道しるべとなるような読書案内の一助になれるならと喜んで引き受け、十年が経過した。一冊の文芸作品の紹介を書きながら、文芸作品の読者となる高校生たちを想像する時間は、私にとって実に充実した文芸作品との向き合いの時にもなった。この連載は現在も継続しているが、連載を機に、高等学校の先生方の研修会に講師としてお招きいただいたこともあり、私の文芸作品との出会いに託する思いが受けとめられていることを実感できた時は何よりの喜びであり励みとなった。

大学三年生の時に山本周五郎の『柳橋物語』と出会った時、私は、文芸作品の中に人間凝視の深い眼差しと暖かさに触れ、文芸作品と真剣に向き合うことを決心するきっかけを与えられた。『山本周五郎長編小説全集』の出版の企画編集を担われた池田雅延さんは、私が学生時代に最も尊敬し憧れた先輩であったが、彼から解説の仕事を依頼されて書いた原稿は、まさに周五郎の人間愛・人間凝視と真摯に向き合えたかけがえのない時間の所産となった。

本書には加えて、司馬遼太郎、遠藤周作、島崎藤村に関する論文を収録した。周五郎文芸や司馬文芸における人間を見据える作者の視線の深奥にキリスト教との出会いがあることはつとに知られている。また、遠藤は生涯において自らのキリスト教信仰と真摯に対峙し続けた作家であり、藤村は若き日に出会った信仰体験を生涯をかけて反芻し続けた作家でもある。私は、青年時代にキリスト教に導かれたが、こうしてこれまでに出会った文芸作家と作品を振り返れば、私の教育と研究のすべてがキリスト教信仰に支えられたものであったことを深く実感する。その意味でも本書が、文芸作品に〈人間〉を問い、〈真理〉を求める読者への一助となることをねがう。

本書をまとめるにあたり、四十一年間の教育と研究の日々を支えてくれた家族に感謝し、その間にお世話になった皆様にお礼を申し上げます。また校正作業を手伝って下さった関西学院大学大学院の周芷冰さん、そして刊行にいたるまで多くのご尽力を頂いた鼎書房代表の加曽利達孝さんと編集の小川淳さんに感謝いたします。

二〇一八年一月

細川正義

初出一覧

Ⅰ　文芸作品への誘い

森鷗外『舞姫』　豊太郎の煩悶――近代日本の〈青春〉への提言
原題「近代日本の〈青春〉への提言者　森鷗外―「舞姫」の豊太郎の煩悶―」（数研国語通信「つれづれ」第12号、数研出版、二〇〇七年十二月）

夏目漱石『三四郎』〈迷羊〉の行方――近代日本の転換期を見据えて
原題「近代日本の転換期を見据える　夏目漱石―『三四郎』に描かれた〈迷羊〉の行方―」（数研国語通信「つれづれ」第30号、数研出版、二〇一五年九月）

夏目漱石『こころ』（1）「愛すること」と他者への「責任」に誠実に生きた先生の「真面目」
原題「「愛すること」を「真面目」に追求した作家　夏目漱石―『こころ』の先生―」（数研国語通信「つれづれ」第11号、数研出版、二〇〇七年九月）

夏目漱石『こころ』（2）　人間の心の捉え難さへの対峙
原題「人間の心の捉え難さに対峙し続けた夏目漱石―『こころ』の先生の寂寥の意義―」（数研国語通信「つれづれ」第20号、数研出版、二〇一一年九月）

芥川龍之介『温き心』　愛を求める寂寥の人
原題「「温き心」の持ち主　芥川龍之介」（数研国語通信「つれづれ」第12号、数研出版、二〇〇七年十二月）

志賀直哉『清兵衛と瓢箪』　芸術への清新な理想――清兵衛の瓢箪を見る眼

原題「芸術への清新な理想を求める　志賀直哉―『清兵衛と瓢簞』の清兵衛像―」（数研国語通信「つれづれ」第19号、数研出版、二〇一一年四月）

芥川龍之介『羅生門』　エゴイズムと戦う下人像――人間の愚かさへの芥川の眼差し

原題「寂寥と孤独に対峙しながら芸術の意義を問い続けた作家　芥川龍之介―エゴイズムと戦う下人像を描いた『羅生門』―」（数研国語通信「つれづれ」第29号、数研出版、二〇一六年四月）

梶井基次郎『檸檬』　檸檬爆弾の意味――病魔に冒された魂の彷徨

原題「病魔を抱えた魂の彷徨　梶井基次郎―『檸檬』檸檬爆弾の意味―」（数研国語通信「つれづれ」第18号、数研出版、二〇一〇年九月）

谷崎潤一郎『春琴抄』　春琴と佐助の愛の形――日本美の希求

原題「日本の美への希求　谷崎潤一郎―『春琴抄』春琴と佐助の愛の形―」（数研国語通信「つれづれ」第15号、数研出版、二〇〇九年四月）

太宰治『富嶽百景』　月見草にかける願い――「中期」の明るさへの開示

原題「孤独・寂寥・求愛　太宰治―『富嶽百景』月見草にかける願い―」（数研国語通信「つれづれ」第14号、数研出版、二〇〇八年九月）

太宰治『正義と微笑』　太平洋戦争下の真摯な生き方――他者との関係性に対する提言

原題「太平洋戦争下の人生の真摯な生き方　太宰 治―『正義と微笑』芹川進の〈決意〉―」（数研国語通信「つれづれ」第28号、数研出版、二〇一五年九月）

中島敦『山月記』　李徴の〈慟哭〉と〈咆哮〉が伝えるもの

原題「悲運の芸術家・執念の芸術家　中島　敦―『山月記』李徴の〈慟哭〉と〈咆哮〉が伝えるもの―」（数

研国語通信「つれづれ」第13号、数研出版、二〇〇八年四月）

山本周五郎『柳橋物語』　耐えて待つことで〈真実〉は必ず見えてくる

原題「人間を凝視し、誠実に生きる人間像を描き続けた作家　山本周五郎―〈真実の愛〉に気付かせる物語『柳橋物語』―」（数研国語通信「つれづれ」第26号、数研出版、二〇一四年九月）

三島由紀夫『潮騒』　初枝と新治の至純な愛の世界――「海」への憧憬とユートピア

原題「「海」への憧憬と牧歌性に託したユートピア　三島由紀夫―至純な愛の世界『潮騒』の新治と初江―」（数研国語通信「つれづれ」第26号、数研出版、二〇一四年九月）

司馬遼太郎『竜馬がゆく』　世界の中の日本をまなざす竜馬の〈真実〉

原題「人間を愛し、青年の未来を願い、日本の将来に希望を抱き続けた司馬遼太郎―世界の中の日本をまなざす『竜馬がゆく』の坂本竜馬像―」（数研国語通信「つれづれ」第21号、数研出版、二〇一一年四月）

三浦綾子『ひつじが丘』　愛することとゆるすことの難しさに立ちどまるストレイシープたち

原題「神の愛とゆるしの希求　三浦綾子―ゆるすことの難しさに立ちどまる『ひつじが丘』のストレイシープたち―」（数研国語通信「つれづれ」第24号、数研出版、二〇一三年九月）

遠藤周作『沈黙』　日本的精神風土への愛の試み――弱者と母性の論理

原題「日本的精神風土への愛の試み　遠藤周作―『沈黙』弱者と母性の論理―」（数研国語通信「つれづれ」第18号、数研出版、二〇一〇年九月）

宮本輝『泥の河』〈お化け鯉〉が伝えるもの――かけがえのない命と人間の絆

原題「いのちのかけがえのなさと人間の絆を描く　宮本輝―『泥の河』の〈お化け鯉〉が伝えるもの―」（数研国語通信「つれづれ」第31号、数研出版、二〇一七年四月）

よしもとばなな『キッチン』「家族の喪失」からの回復——桜井みかげの向日性
原題「「家族の喪失」からの回復　よしもとばなな—「キッチン」桜井御影の向日性—」（数研国語通信「つれづれ」第16号、数研出版、二〇〇九年九月）

山田詠美『僕は勉強ができない』内面の真実のかけがえのなさを伝える主人公
原題「かけがえのないものを伝える作家　山田詠美—「進歩させるべきでない領域」を眼差す『ぼくは勉強ができない』—」（数研国語通信「つれづれ」第25号、数研出版、二〇一四年四月）

小川洋子『ミーナの行進』自分の心に真っ直ぐ向かって生きたミーナのピュアな心
原題「人の優しさと哀しさと温かさに目を注ぎ続ける作家　小川洋子—自分の心に真っ直ぐ向かって生きた少女の物語『ミーナの行進』—」（数研国語通信「つれづれ」第23号、数研出版、二〇一三年四月）

Ⅱ　山本周五郎文芸の魅力

『寝ぼけ署長』人間愛を描いた推理と解決
原題「解説　人間愛を貫いた推理と解決」（『山本周五郎長篇編小説全集』第二十三巻『寝ぼけ署長』、（二〇一四年十一月二十五日、新潮社）

『山彦乙女』『五瓣の椿』歴史を超えて訴えてくる人間のかけがえのなさ
原題「歴史を超えて訴えてくる人間のかけがえのなさ」（『山本周五郎長篇小説全集』第十三巻『五瓣の椿』『山彦乙女』、二〇一四年三月二十日、新潮社）

『正雪記』歴史のなかから人間性を
原題「歴史の中から人間性を」（『山本周五郎長篇小説全集』第九巻「正雪記」下、二〇一三年十二月二十

日、新潮社）

Ⅲ　近代文芸論考

島崎藤村における国際性と文明批評

原題同じ（「日本文芸研究」第六十八巻　細川正義教授退任記念号、二〇一七年三月十日、関西学院大学日本文学会）

遠藤周作文芸とキリスト教――『沈黙』に至る道

原題同じ（『人文論究』第五十六巻第一号、二〇〇六年五月二十五日、関西学院大学人文学会）

司馬遼太郎文芸の方法――『坂の上の雲』論

原題同じ（『人文論究』第六十二巻第一号、二〇一二年五月二十日、関西学院大学人文学会）

索　　引（* 太数字は章題）

著者紹介
細川正義（ほそかわ まさよし）

1948年、香川県生まれ。関西学院大学大学院博士課程後期課程満期退学。九州女学院短期大学教授を経て、関西学院大学文学部教授。2017年3月、関西学院大学名誉教授。博士（文学）。

現在、島崎藤村学会副会長（理事）、日本キリスト教文学会関西支部長、日本文芸学会常任理事、国際芥川龍之介学会監事、遠藤周作学会役員他。

著作：『島崎藤村文芸研究』（双文社出版、2013年8月出版）『島崎藤村―課題と展望―』（共著、明治書院、1979年11月出版）、『芥川龍之介全集』第12巻 注解（岩波書店、1996年10月出版）、『兵庫近代文学事典』（分担執筆、兵庫近代文学事典編集委員会、和泉書院、2011年10月出版）、『生誕120年芥川龍之介』（共著、翰林書房、2012年12月出版）。『芥川龍之介と切支丹物―多声・交差・越境』（共著、翰林書房、2014年4月出版）他。


文芸の栞（ぶんげいのしおり）――近代小説点描（きんだいしょうせつてんびょう）

発行　2018年3月15日
著者　細川　正義
発行者　加曽利　達孝
発行所　鼎　書　房
〒132-0031　東京都江戸川区松島2丁目17番地2
電話・ファクス　03-3654-1064
URL http://www.kanae-shobo.com
印刷　シバサキ工芸・互恵　　製本　エイワ

ISBN978-4-907282-39-4 C0095　検印廃止